大规模侵权责任保险基本问题研究

刘玉林／著

The Study on the Basic Issues of
the Mass Tort Liability Insurance

中国出版集团

世界图书出版公司

广州·上海·西安·北京

图书在版编目（CIP）数据

大规模侵权责任保险基本问题研究 / 刘玉林著. —广州: 世界图书出版广东有限公司, 2016.1

ISBN 978-7-5192-0723-6

Ⅰ.①大… Ⅱ.①刘… Ⅲ.①侵权行为—民法—研究—中国 ②责任保险—保险法—研究—中国 Ⅳ.①D923.04 ②D922.284.4

中国版本图书馆CIP数据核字（2016）第016875号

大规模侵权责任保险基本问题研究

策划编辑　刘婕妤

责任编辑　黄　琼

出版发行　世界图书出版广东有限公司

地　　址　广州市新港西路大江冲25号

http:// www.gdst.com.cn

印　　刷　北京振兴源印务有限公司

规　　格　710mm×1000mm　　1/16

印　　张　11.5

字　　数　181千

版　　次　2017年1月第1版　　2017年1月第1次印刷

ISBN　　978-7-5192-0723-6/F·0211

定　　价　36.00元

前　言

在现代社会中，"我们在享受现代化科学技术给我们生活带来的便捷和安逸的同时，也感受到了威胁我们生命安全、生存环境的人为风险的不期而至"[1]。科技为人类带来快捷和便利，但风险也相伴而生，人类已经进入"风险社会"。在日常的生活和生活过程中，人类面临的风险呈"井喷式"涌现，不仅风险种类、风险结构越来越多样，而且风险总量越来越多，都是大规模侵权风险。如2005年"松花江水污染事件"、2008年"三鹿奶粉事件"、2010年"上海胶州高楼火灾事件"、2011年"渤海湾漏油事件"、2013年"青岛输油管道爆燃事故"、2015年"东方之星沉船事故"、2015年"天津港8·12特别重大火灾爆炸事故"，等等，即是例证。大规模侵权风险发生的领域广泛，既有环境污染领域、食品安全领域，又有公共安全领域，等等，可以说，大规模侵权责任事故已经发生在我们日常生活的各个领域。频频发生的类似事件以及其造成的社会影响，已经引起学者们的广泛关注。

大规模侵权事故与传统侵权事故相比，其造成的损害后果往往具有损失严重、受害者人数众多、损害波及范围广等特征，上述损害特征导致加害人往往无法赔偿受害人。此外，大规模侵权事故一般涉及社会公众利益，对其处置是否得当关系到整个社会的稳定秩序。因此，为快速救济受害人的受损利益，维

---

[1]　夏玉珍、吴娅丹：《中国正进入风险社会时代》，载《甘肃社会科学》2007年第1期。

护整个社会的稳定秩序，对大规模侵权案件应该找到可行的解决办法。

有权利就必须有救济，"大规模侵权损害发生后，道德谴责与同情对于受害人救济并无实际意义，最好的危机公关就是赔偿"[1]。"在面对侵权损害赔偿的问题上，古老的侵权法规则通过惩罚道德上的可非难性实现了损失从受害人到侵权人的转移，每个人都必须对可归咎于他的行为所造成的损害予以赔偿。"[2]可见，"传统侵权法关注焦点是在加害人造成损害以后对违法行为进行矫正，即以过错为基础在双方之间实现'矫正的正义'，其道德意义非常明显，应受责难的加害人必须对无辜的受害人进行赔偿"[3]。但是，大规模侵权案件造成的巨额损害，可能远超于加害人的承受能力，而且现实的情形也正是大量的加害人生活在一种无法赔偿受害人损害的尴尬境地。即使加害人有资力赔偿受害人的损失，仍难免影响其生计，正如有学者所言："众令加害人为有资力之人，然一时使支付大额之赔偿，则足使加害人之生计发生困难。"[4]

为及时救济大规模侵权事故中的受害人，同时避免加害人因承受巨额赔偿而陷入经营困境，损害赔偿社会化制度应运而生。责任保险作为损害赔偿社会化制度的重要方式，在分散责任、救济受害人利益以及维护社会稳定方面意义重大。大规模侵权责任保险的重要性得到国家的高度重视，2014 年 8 月 10 日，国务院颁布的《国务院关于加快发展现代保险服务业的若干意见》（国发〔2014〕29 号），将保险业服务国家治理体系和治理能力现代化作为立足点，文中指出，发挥责任保险化解矛盾纠纷的功能作用，并针对各种大规模侵权责任保险都提出了指导性建议。这表明，我国政府开始从国家治理的战略高度来考虑大规模侵权责任保险的发展问题，这无疑为我国大规模侵权责任保险的发展提供了强大的政治支持。"赔偿的需求开启了责任保险的时代。"[5]研究大规模侵权责任保险制度在当代中国具有重大的现实意义，具体表现在：

首先，提升政府治理水平，使大规模侵权责任保险成为转变政府职能的有

---

[1] 张新宝、邱业鹏：《大规模侵权损害赔偿基金：基本原理与制度构建》，载《法律科学》（西北政法大学学报）2012 年第 1 期。

[2] 曾世雄：《损害赔偿法原理》，中国政法大学出版社 2001 年版，第 8—9 页。

[3] Lzhak & Englard, *A Critical Appraisal of Modem American Tort Theory,* The Journal of Legal Studies,1980,p.9.

[4] 史尚宽：《债法总论》，中国政法大学出版社 2000 年版，第 109 页。

[5] Ivar Strahl, *Tort Liability an Insurance,* Scandinavian Studies In La,vol.3,1959.

效抓手。保险的防范、风险保障和社会管理的功能，在政府宏观调控和社会公共管理服务方面发挥了积极的作用。同其他类保险相比，大规模侵权责任保险具有较强的社会属性，它可以从两方面成为政府转变职能的有效抓手。第一，大规模侵权责任保险可以辅助政府进行社会治理，帮助政府"管到位"。在食品药品安全、安全生产、环境污染等社会风险管理中引入责任保险，可以及时实施对受害者的经济补偿、矛盾调处和权益保障，有效预防和化解社会矛盾，减缓社会冲突，增进社会和谐。第二，大规模侵权责任保险可以帮助政府"放到位"。在涉及公共安全、公共利益和社会风险较高的行业，一旦发生事故，责任风险往往巨大。企业除面临破产之风险外，恐将无法赔偿受害人之全部损失，这部分损失最终转嫁于政府承担，政府的财政压力巨大。比如说，在发达国家，铁路出轨发生重大伤亡后，大部分赔偿和善后处理工作都是保险公司来完成，而在我国，铁路事故善后的责任主要在政府。大规模侵权责任保险法制之研究，期望在降低政府管理成本、减轻政府管理压力、提高政府运行效率等方面有所助益。

其次，提升国家社会治理水平，改善民生保障。保险业推进国家治理体系和治理能力现代化，立足点和落脚点在民生保障上，而大规模侵权责任保险成为改善民生保障的有力支撑。它可以保障受害者权益，维护社会稳定。虽然，在我国现行的法律和制度中，受害者可通过民事侵权诉讼的途径寻求赔偿，但是由于责任案件往往包含许多专业性、技术性问题，而且有些损害后果也并非立刻显现，导致案件审理周期较长，客观上增加了受害者取得赔偿的难度。即使受害者胜诉，也可能因为企业的赔偿能力不足和"执行难"等原因，难以及时获得赔偿。针对这一问题，如果有完善的大规模侵权责任保险制度，一旦事故发生，保险企业将及时向受害者支付赔偿，可以避免出现受害者所受损害长期化、复杂化的局面。此外，它也有助于降低企业破产风险，保障企业持续经营。大规模侵权责任风险已是当前许多行业无法回避的事实，随着我国执法能力和水平的不断提高，企业因生产带来的经营风险也在不断增加，企业迫切需要通过合法的市场手段将责任风险转移出去或将其限制在最小程度内，以应对激烈的市场竞争。企业可以通过购买大规模侵权责任保险产品，用少量可确定性的支出（保费）减少未来的不确定性，保证生产、经营持续稳定进行，从而避免了侵权人因赔偿负担过重甚至破产而影响经济社会的发展，这也是大规模侵权责任保险能够得以应用和发展的主要原因。

最后，有利于我国整个责任保险业的健康发展。大规模侵权责任保险是责任保险的重要组成部分，全面梳理大规模侵权责任保险，不仅有利于促进中国责任保险法制的现代化，而且有利于导正责任保险业的经营，健全责任保险业的发展。

鉴于大规模侵权责任保险的上述重大意义，本书特选此作为研究主题，期望对我国大规模侵权责任保险制度的未来构建有所助益。但囿于时间紧迫，本人学术水平有限，出现错漏和疏失在所难免。若本书能够抛砖引玉，引起学界和实务部门对大规模侵权责任保险的更加深入的研究，即达到写作目的。

目　录

第一章　大规模侵权责任保险之界定

第一节　大规模侵权责任保险之缘起

一、风险社会之挑战

学者们开始从不同的维度来描述当前社会的特征，他们使用各种各样的名词，如"网络社会"、"信息社会"、"后现代化社会"，等等。但近几年来，越来越多的人开始关注"风险社会"概念，并认为它准确把握了现代社会的本质，对我们理解当前社会以及制订顺应时代需要的制度和政策具有独特的参考价值。[1]

（一）风险社会理论之提出

进入工业社会后，随着科学技术的飞速发展，人类抵御风险的各种能力不断提升。本来风险的存在和威胁会随着人类的进步而减少，但出乎意料的是，风险的种类不但没有因技术的进步而减少，反而不断出现新的风险。针对这种现象，在1986年，德国著名的社会学家乌尔里希·贝克率先提出了"风

---

[1]　赵延东：《风险社会与风险治理》，载《中国科技论坛》2004年第4期。

险社会"理论。

贝克教授对阶级社会和风险社会做了区分，认为从阶级社会到风险社会，是"从需求型团结到焦虑促进型团结"[1]。"阶级社会的梦想是每一个人都需要和应该分享蛋糕。风险社会的乌托邦则是每一个人都应该免受损害。"[2] 并用简短的语言将两者的区别概括为："阶级社会的驱动力可概括为这样一句话：我饿！另一方面，风险社会的驱动力则可以表达为：我害怕！焦虑的共同性代替了需求的共同性。"[3]

针对"风险社会"中的风险，依据贝克教授的观点，"风险是个指明自然终结和传统终结的概念。换句话说，在自然和传统失去它们的无限效力并依赖于人的决定的地方，才谈得上风险。风险概念表明人们创造了一种文明，以便使自己的决定将会造成的不可预见的后果具备可预见性，从而控制不可控制的事情，通过有意采取的预防性行动以及相应的制度化的措施战胜（发展带来的）种种副作用。"[4]

（二）风险社会风险之特征

贝克指出，"风险"是一种灾难和危险的可能性，并非等同于"危险"或"灾难"。当人们企图去控制传统和自然，并企图控制它们产生的不可预料的后果时，人们面临的风险就会越来越多。在我们生活的世界中，风险一直存在，但是，与过去风险相比，现代社会风险表现出不同的特征。总结归纳贝克教授的观点，[5] 关于风险社会风险的特征，表现如下：

1. 现代风险具有高度的不可预测性和不确定性

"在风险社会中，不明的和无法预料的后果成为历史和社会的主宰力量。"与传统风险相比，针对现代风险，没有哪个专家或者专家系统能够将这种不确定性转化为确定性，它是真实而有效的。"标准的计算基础——事故、保险和

---

[1]　[德] 乌尔里希·贝克：《风险社会》，何博闻译，译林出版社2004年版，第56页。

[2]　[德] 乌尔里希·贝克：《风险社会》，何博闻译，译林出版社2004年版，第56页。

[3]　[德] 乌尔里希·贝克：《风险社会》，何博闻译，译林出版社2004年版，第57页。

[4]　[德] 乌尔里希·贝克、约翰内斯·威尔姆斯：《自由与资本主义——与著名社会学家乌尔里希·贝克对话》，路过林译，浙江人民出版社2001年版，第119页。

[5]　[德] 乌尔里希·贝克：《风险社会》，何博闻译，译林出版社2004年版，第18—39页。

医疗保障的概念，等等——并不适合这些现代威胁的基本维度。"

2. 现代风险具有隐形性和不被感知性

在过去，危险是明确的，并且可以被人们所感受到。但是，在当今社会中，文明的风险往往是不被人们所感知的，并且这些风险只出现在化学和物理的方程式中（比如核威胁或食物中的毒素）。它是"完全逃脱人类感知能力的放射性、空气、水和食物中的毒素和污染物，以及相伴随的短期的和长期的对植物、动物和人的影响。它们引致系统的、常常是不可逆的伤害，而且这些伤害一般是不可见的"。人们关注的焦点正越来越集中在那些受害者既看不见也无法感知的危险之上；某些情况下，这些危险不会对它们影响的人产生作用，而是作用于他们的后代。

3. 现代风险具有平等性

客观地说，风险在其范围内以及它所影响的那些人中间，表现为平等的影响力。"贫困是等级制的，化学烟雾是民主的。"风险社会不是阶级社会，无论是富人抑或有权势的人均在所难免。"或早或晚，现代化的风险同样会冲击那些生产它们和得益于它们的人。"贝克教授总结认为："它们包含着一种打破阶级和民族社会模式的'飞去来器效应'。"[1]

4. 现代风险具有全球性

现代风险"拥有一种全球化的内在倾向"。它的影响程度和波及面积远远大于传播风险。如大家熟知的"疯牛病"、亚洲金融危机以及日本福岛核电站事故，等等，尽管它们一开始仅发生在某个国家内部，但它的影响却迅速扩张到周边国家，最终酿成一场全球性的大灾难。更重要的是，由于现代信息网络技术的发达，由风险所带来的恐惧和怀疑会迅速在全社会传播，引发社会动荡不安。

由上可知，无论是在风险的存在范围、风险的被感知性，抑或是风险的预测性等方面，现代风险均与传统风险存在众多差异。

---

[1]　所谓"飞去来器效应"是指那些生产风险或从中得益的人迟早会受到风险的报应。

（三）风险社会风险之类别

"在发达的现代性中，财富的社会生产系统地伴随着风险的社会生产。"[1] 在财富的社会生产中，人类面临的风险究竟有哪些类别，学者间有不同的认识判断，有的以风险定义作为分类标准，有的以危险种类作为分类标准，还有的则基于风险冲突进行分类。[2]

比较有影响力的是德国贝克教授和英国吉登斯教授的观点。依照贝克教授的认识，从社会发展的阶段分期来看，风险被划分成三种：前工业社会风险、工业社会风险以及风险社会风险。[3] 前工业社会风险主要是自然风险，这些风险主要是由自然界的不可抗力导致的；工业社会风险主要是与工业生产有关的安全事故、意外伤害等风险；风险社会风险是高度现代化状态下的产物，如科技进步所导致的生态风险、金融风险、技术风险、核风险等。[4] 而英国著名的社会理论家和社会学家吉登斯则从风险的致因与人的关系角度，将风险划分成非人为导致的外部风险和人为导致的社会风险，前者是指"来自外部的、因为传统或者自然的不变性和固定性所带来的风险"，后者指"我国不断发展的对这个世界的影响所产生的风险"[5]。他主张现代风险主要是人为因素导致的风险，它们的具体表现与贝克所指的风险内容一致。

为了简便，本书选择从风险来源的角度，对人们在现实中可能面对的风险进行分类，主要包括以下几种：

1. 财产风险

财产风险是我们在现实生活中最经常遇到的风险。所有拥有租赁或使用财产的单位或个人，都可能暴露在财产被破坏、毁坏或者失窃的风险下。比如，闪电可能会击中一幢建筑物，造成一场火灾而损坏这幢建筑物，而建筑物内的

---

[1]　[德] 乌尔里希·贝克：《风险社会》，何博闻译，译林出版社 2004 年版，第 15 页。

[2]　易萍：《风险社会中我国责任保险的定位与制度重构》，上海交通大学博士学位论文，2014 年，第 9—10 页。

[3]　Ulrich Beck, *Risk Society: Towards a New Modernity*, Sage Publications, 1992, p.257.

[4]　刘岩：《风险社会理论视野中的和谐社会议题》，载《社会理论与社会发展》2007 年第 9 期。

[5]　[英] 安东尼·吉登斯：《失控的世界》，周红云译，江西人民出版社 2001 年版，第 29 页。

物品遭到损坏。在财产遭受毁损灭失后，除了重置财产的开销之外，商业机构可能被迫需要临时关闭歇业，这又会导致收入损失。

此外，商业机构除了由于自身拥有或使用财产所带来的风险外，还会面临与其他公司所拥有或使用的财产相联系的风险。比如，一家位于购物中心的大型百货商店因遭受损失并关闭歇业的话，位于这家百货商店里的许多小商店，如那些向购物的顾客出售小吃或饮料的商店将会遭受收入损失。因为没有百货商店吸引顾客购物，就不太可能有如此多的顾客会在那里购买小吃或饮料。

2. 责任风险

风险的第二大类就是责任风险，即与责任相关的风险。近年来，随着人们教育水平的提高，受害人越来越爱要求过错方承担责任，不管伤害真实与否。正如美国前任大法官博格抱怨说："公众有一种近乎疯狂的、不合理的想法，他们竟然认为诉讼可以解决一切问题。"[1] 公众这一疯狂的事实，使得商业机构和个人经常要应对各种纷繁复杂的诉讼，并为各类情况造成的损失而承担责任。责任判决可能导致赔付，一方面补偿受害方，另一方面惩罚事故责任方，上百万金额的赔偿已经不再鲜见，在某些情形下，甚至可能导致企业破产，如2008 年三鹿毒奶粉事件。即便当商业机构或个人最终免于承担责任，为这场诉讼支付的诉讼费用也常常是高额的。所以，不管商业机构还是个人，必须仔细识别可能影响他们的责任风险来源，并做出适当安排以处理这些受险部分。

3. 生命、健康风险

与人的健康、生命相联系的潜在损失构成了风险来源的第三类。在现实中，商业机构和个人都会面临与健康相关的风险。人生病或在事故中受伤将会产生医疗费用的支出，而这种医疗费用正变得越来越昂贵，有时，商业机构会安排支付其雇员部分或全部的这种费用而不考虑这种疾病或伤害是否与工作有关。然而，随着医疗费用的上涨，越来越多的个人每年必须为自己和家人支出大笔医疗费。除了这些支出外，还有一种与疾病和事故有关的潜在损失。假如一个原本工作的人身受重伤或身患重病，他可能数月以至数年无法工作，这导致的收入损失会对此人及其家庭的经济状况造成很大影响。

---

[1]　[美]特瑞斯·普雷切特、琼·丝米特、海伦·多平豪斯、詹姆斯·艾瑟林：《风险管理与保险》，孙祁祥等译，中国社会科学出版社 1998 年版，第 109 页。

另外，商业机构和个人也会面临与死亡相关的风险。在商业机构中，某个重要的职员的死亡可能会使其雇主面临潜在的损失，因为雇主可能无法及时找到一个和这个重要职员有同样经验和技能的替代者。具体到个人身上，个人死亡可能会对依赖他生存的人带来风险，如父母一方的死亡会使其年幼的子女面临丧失主要经济来源的风险。

在"风险社会"中，人类面临的风险不仅包括财产风险，还包括责任风险，更有影响生命和健康的风险。

二、风险社会挑战下大规模侵权行为之认识

在"风险社会"的挑战下，随着经济全球化、工业信息化、人口城镇化的不断推进，人们时常遭受大规模侵权风险的侵害，层出不穷的大规模侵权行为成为了人们热议的社会焦点。然而，何谓"大规模侵权"？大规模侵权风险又包含哪些种类？仍有探究的必要。

（一）大规模侵权行为之界定

1. 何谓大规模侵权

"大规模侵权"这一词，主要源于对美国法上"Mass Tort"的翻译，内涵十分丰富。英国是最早确立集团诉讼以解决"Mass Tort"这一制度的国家，然而，最早对大规模侵权进行展开性研究的国家却是美国，迄今已有四十多年。[1] 根据美国《布莱克法律词典》的解释，"大规模侵权"是指致使许多人遭受损害的民事不法行为。希尔·B·所贝尔认为，大规模侵权是指通过接触某种特定的产品（比如铅涂料、硅胶或者烟草等）致使众人受到损害的违法行为；黛博拉·R·亨斯勒认为，大规模侵权这一概念是指由于使用或者接触了一种单一产品或者由于一个单一灾害性事件从而产生的众多侵权请求的诉讼。美国纽约大学法学院的玛格丽特·M·徒莱则认为，大规模侵权是涉及同一物质、产品、事件或者损害的有意识的原告合并和（或）诉讼合并。[2] 美国是一个程序法发达而实体法相对薄弱的国家，因而对大规模侵权的研究呈现出"重程序，轻实

---

[1] 熊进光：《大规模侵权损害救济论——公共政策的视角》，江西人民出版社2013年版，第40页。

[2] 刘亮：《大规模侵权研究》，中国人民大学法学院博士学位论文，2010年，第28—30页。

体"的倾向，其对大规模侵权的定义采取的是一种列举式的具体定义法，主要是根据司法实践中各种大规模侵权的发生领域进行列举。

在德国，著名的法学家冯·巴尔教授认为，"大规模侵权"并非法律概念，可以将其简单理解为：涉及大量受害人的权利和法益的损害事实的发生。他认为大规模侵权发生在以下不同的领域：道路交通事故、大型载客运输工具事故、环境事故、缺陷产品造成的大规模侵权、大型活动中的侵权事故等。在生态侵权领域，大规模侵权指对自然和环境造成重大损失的损害事实的发生，它也包括对无主自然物质和资源以及对生态关系链的破坏。[1]

在我国，学者对大规模侵权的研究起步比较晚。在现行法律制度中，还没有大规模侵权这一概念，对这一概念的界定，还主要来自于法学界。目前法学界对大规模侵权的概念众说纷纭，莫衷一是，主要表现在以下几个观点：

第一种观点认为，大规模侵权在内涵和外延上难以明确界定，只能对其进行大致的描述，[2]大规模侵权的特点主要表现在三方面：一是符合侵权责任之构成要件；二是被侵权人人数达到十人以上；三是主要发生在产品责任、环境污染、交通事故、高度危险作业等重大事故领域。[3]

第二种观点认为，大规模侵权在性质上属于特殊侵权行为，是指基于一个不法行为或者多个具有同质性的事由，如瑕疵产品，给大量的受害人造成人身损害、财产损害或者同时造成上述两种损害。[4]这一概念是由朱岩教授最早提出的，在以后关于大规模侵权研究中得到了诸多学者的引用和赞同。

第三种观点认为，大规模侵权是规模较大的侵权行为，在本质上仍属于侵权行为，只是发生了损害的量的变化——损害数量和损害规模的变化以及需要进行大范围的救济，并且需要进行有效的预防和惩罚。它在《侵权责任法》规定的一般侵权行为和特殊侵权行为中都有可能存在。[5]

[1] [德]克里斯蒂安·冯·巴尔：《大规模侵权损害责任法的改革》，贺栩栩译，中国法制出版社2010年版，第2页。

[2] 张新宝、岳业鹏：《大规模侵权损害赔偿基金：基本原理与制度构建》，载《法律科学》（西北政法大学学报）2012年第1期。

[3] 张新宝：《设立大规模侵权损害救济赔偿基金的制度构想》，载《法商研究》2010年第6期。

[4] 朱岩：《大规模侵权的实体法问题初探》，载《法律适用》2006年第10期。

[5] 杨立新：《〈侵权责任法〉应对大规模侵权的举措》，载《法学家》2011年第4期。

细细观察上述观点，我们不难发现理论界关于大规模侵权的几种观点既有共通之处，又有显著差别。其共通之处都包含了一些基本的要素，如都属于侵权行为，受害人数多，损害后果严重等；显著差别主要表现在大规模侵权的性质认识上存在较大分歧。通过比较分析，本书比较赞同朱岩对大规模侵权的界定，大规模侵权是指基于一个侵权行为或者具有同质性的侵权事由，造成大规模的受害者死亡、受伤、患病或者财产严重损害，损害救济紧迫，严重威胁社会稳定。

2. 大规模侵权的特征

对于大规模侵权的特征，美国学者认为主要有以下几点：一是受害人人数众多，这是大规模侵权案件的应有之义。二是因果关系认定复杂，因为在有些大规模侵权案件中，各种复杂而又多样的行为，可能会造成相同的损害结果，以及与其他病原体的相互作用、与致害的病原体有关的根本不确定性经常共同作用，进而使得因果关系的认定问题复杂化。三是损害经常具有一定的潜伏期，从加害实施到损害显现之间通常都存在一定的潜伏期。四是案件处理费用巨大，因为大规模侵权受害人众多。五是案件处理结果经常发生扭曲。由于诉讼费以及其他原因的限制，常常可能会使没有受到损害的当事人得到赔偿，而那些真正受到损害的受害者却得不到或者只能得到很少的赔偿。[1]

在我国，有学者认为，大规模侵权具有两个特征：一是危害了公众卫生安全和大规模侵害公众生命健康；二是事件的解决均是以国家凭借其行政力量组织受害者进行民事赔偿调解为主，另外有相当数量的受害人和生产厂商进行"私了"，而真正向法院提起民事诉讼并由法院受理并做出判决的少之又少。[2] 也有学者认为，大规模侵权的特征主要表现在三个方面：一是侵权的发生原因可以是同一个侵权行为，如产品侵权，就是因为同质性的产品的缺陷或瑕疵而造成的大规模侵权；二是侵权案件必须达到一定的数量，也就是受害人的人数必须达到一定的数量；三是大规模侵权必须造成大范围的损害，既可以包括人身损害，又可以包括财产损害，甚至包括纯经济损失。[3]

---

[1] 刘亮：《大规模侵权研究》，中国人民大学法学院博士学位论文，2010 年，第 40—46 页。

[2] 江滢：《从三鹿事件看我国群体诉讼制度的不足及完善》，载《佛山科学技术学院学报》2009 年第 2 期。

[3] 孔慧君：《大规模侵权的多元化损害赔偿制度研究》，江西财经大学法学院法律硕士学位论文，2011 年，第 5 页。

观诸上述各学者观点，本书认为，与传统侵权行为相比，大规模侵权属于一类新型的侵权行为，它的特征主要表现在以下几个方面[1]：

第一，大规模侵权在本质上属于一种侵权行为。依据我国《侵权责任法》的相关理论和规定，侵权行为的一般构成要件包括：违法行为、损害后果、因果关系和主观过错。大规模侵权行为必须符合《侵权责任法》中特定侵权责任的构成要件。例如，2008年汶川大地震虽然造成了数万人遇难，损害后果十分惨重，但它属于自然事件，不构成侵权行为，因此也就排除在大规模侵权行为之外。而日本福岛核泄漏由于人为因素给大量受害者造成身体伤害就可以认定为大规模侵权行为。

第二，受害人数众多，损害后果严重。大规模侵权行为中的"大规模"最直观的表现就是被侵权人数众多，且造成的人身损害或者财产损害后果相当严重，这是大规模侵权行为和传统普通的侵权行为最显著的区别。

从表1可以看出，每一次的大规模侵权都可能会造成数十人或者上百人甚至成千上万人受到人身损害。这些受害人可能是集中于某一个地域，也可能分散在不同的地域。

表1　大规模侵权行为受害人数统计表

大规模侵权事件	发生时间	受害人人数
三鹿奶粉事件	2008年11月	29.4万婴幼儿泌尿系统出现异常
俄罗斯伏尔加河沉船事故	2011年7月	122人死亡
"7·23"甬温线特别重大铁路交通事故	2011年7月	40人死亡，约200人受伤
印度加尔各答一所医院发生火灾	2011年12月	至少93人死亡
"6·1"重庆东方之星旅游客船翻沉事件	2015年6月	400多人死亡
天津港"8·12"特别重大火灾爆炸事故	2015年8月	165人死亡，住院治疗人数233人

资料来源：根据相关新闻资料整理而得。

---

[1]　该部分主要借鉴参考杨丽萍：《大规模侵权责任保险制度研究》，西北大学硕士学位论文，2012年；熊进光：《大规模侵权损害救济论——公共政策的视角》，江西人民出版社2013年版，第43—45页。

从表 2 可以看出，每一次的大规模侵权都可能会造成巨大的经济损失，少则数百万元，多则上亿元，不仅给广大的受害者造成严重的财产损失，还直接或者间接地影响经济发展。

表 2　大规模侵权行为经济损失统计表

大规模侵权案件	发生时间	经济损失
松花江水污染事件	2005 年 11 月	直接经济损失 6 908 万元
墨西哥湾漏油事件	2010 年 4 月	使美国经济损失数百亿美元
上海"11·15"特大火灾	2010 年 11 月	直接经济损失 1.5 亿元
蓬莱 19-3 油田溢油事故	2011 年 6 月	渔民损失至少 10 亿以上
天津港"8·12"特别重大火灾爆炸事故	2015 年 8 月	直接损失数十亿元

资料来源：根据相关新闻资料整理而得。

大规模侵权行为中"大规模"一词主要是形容受害人数众多、人身损害或者财产损害后果严重、社会影响大等，内涵和外延比较模糊，因此如何确定"大规模"一词的量化标准就成为界定大规模侵权行为的核心问题。关于受害人数或者经济损失额达到多少才构成大规模侵权，学界目前尚未定论。但有学者提出大规模侵权行为的被侵权人数要达到 10 人以上，[1] 美国有研究者认为 100 件以上的案件就可以构成大规模侵权。[2] 本书认为，因为各国的国情并不相同，一个国家在不同的发展阶段表现出来的大规模侵权也有差异，因此，应该结合社会现实通过调查研究和数学计算来确定，对于影响范围很小且被侵权人仅为数人的侵权行为不应该界定为"大规模"侵权行为。通过对上述两个表格所列举的数据以及近几年国内发生的其他大规模侵权进行分析，参考国务院《生产安全事故报告和调查处理条例》中关于安全生产事故的等级划分标准，本书认为造成 30 人以上死亡，或者 50 人以上重伤，或者 1 亿元以上直接经济损失的侵权可以被认定为大规模侵权行为。

---

[1]　张新宝：《设立大规模侵权损害救济赔偿基金的制度构想》，载《法商研究》2010 年第 6 期。

[2]　陈年冰：《大规模侵权与惩罚性赔偿——以风险社会为背景》，载《西北大学学报（哲学社会科学版）》2010 年第 11 期。

　　第三，大规模侵权行为主要发生在产品责任、医疗责任、交通事故、环境污染和安全生产责任这五个领域。例如，2008年三鹿集团由于在奶粉中非法添加"三聚氰胺"造成29万多名婴幼儿患"肾结石"病症，这就属于产品责任领域。而"龙胆泻肝丸事件"、"山西疫苗事件"就属于医疗责任领域。2011年底发生的"法国硅胶隆胸案"可谓关注度最高的热点新闻之一。截至2011年12月30日，法国医疗产品安全局已接到20起女性罹患癌症的报告，同时还接到发生破裂的报告1 143例，引发炎症的报告495例。法国政府呼吁3万名受影响的法国女性接受"拆弹"手术，将硅胶取出，费用由公共健康保险基金承担。2011年在交通事故领域发生的大规模侵权行为最典型的主要有"7·23"甬温线特别重大铁路交通事故和"11·16"甘肃正宁县特大交通事故。最近几年国内外发生大规模环境污染行为的频率越来越高，给生态环境和当地渔民、养殖户带来了毁灭性的灾难。例如，2005年"松花江水污染事件"使100吨苯类物质流入松花江，造成了江水严重污染，沿岸数百万居民的生活受到影响；2010年"墨西哥湾漏油事件"导致500万桶的原油泄入墨西哥湾；2010年4月，英国石油公司因海上钻井事故导致石油泄漏长达数月，造成了人类历史上罕见的生态灾难；2010年"7·16"大连原油泄漏事故导致1 500吨原油流入海中；2011年的"蓬莱19-3油田溢油事故"造成5 500多平方千米海水污染；2012年1月"广西龙江河镉污染事件"导致约20吨镉泄漏，截至2012年1月31日，龙江河河池境内共有50万尾鱼苗死亡，成鱼死亡1万公斤左右，许多渔民损失惨重。安全生产事故自从工业革命以来一直存在，但是随着经济和社会的高速发展，大规模安全生产事故越来越引起人们的广泛关注。2011年的西安嘉天国际"11·14"爆炸事件，由于爆炸发生时正值上班上学高峰期，人流量较大，因此损害后果十分严重，截至2012年3月14日，爆炸造成11人死亡，31人受伤；2015年天津港"8·12"特别重大火灾爆炸事故造成165人死亡，200多人住院治疗，数十亿元经济损失。

　　第四，大规模侵权行为的加害方或者责任方多为企业。日本著名学者星野英一曾言："特别是在19世纪后半叶以后，在先进国家，随着科学技术突飞迅猛的发展，人可能蒙受的危险几率急剧扩大，现实中，可能受到来自他人的损害机会也大为增加。而控制和管理这些危险的主体很少是个人，更多的是规模巨大的企业等组织。"[1] 企业作为现代社会中的重要一员，不仅在追求经济利益最大化的同时促进了经济的发展和科技的创新，还带来了一系列危险来源。随着工业革命的完成，生产社会化和市场经济改变了传统的社会结构，尤其在市场经济领域，自由竞争使得一大批实力雄厚的企业成为了市场主体。在经济全球化的背景下，由于社会消费需求的急剧增长，只有企业才能满足大规模重复性的生产、销售和分配需要。而在此过程中，由于各种人为因素都可能导致大规模侵权风险转化为现实，例如美国石棉诉讼案件中的石棉制造商和销售商。

第五，跨领域的责任方式交织。大规模侵权案件不同于传统的单独侵权和共同侵权，传统的侵权一般只涉及民事侵权责任，而在规模侵权中则可涉及行政问责和刑事处罚。这是因为大规模侵权的发生，一方面，国家有关行政部门通常没有认真履行相关的监管职责，存在着渎职行为；另一方面，企业及其负责人在侵害合法民事权益和接受行政问责时，通常也触犯了刑法的相关规定。以我国的三鹿奶粉事件为例，原三鹿集团董事长田文华被判处无期徒刑，同时被告单位三鹿集团股份公司犯生产、销售伪劣产品罪，质监部门的相关负责人也接受了行政问责，这体现了大规模侵权跨领域的多种责任方式交织的特点。

（二）大规模侵权行为对风险社会之挑战

经济全球化的快速发展和科学技术的日益更新带来了财富的极速增长和人们生活水平的极大提高，但与此同时也把大规模侵权风险由潜在的威胁变为了现实。经济活动的重复性和高频繁性、现代企业社会责任意识和法制观念淡薄、科学的不确定性和人类认识能力的有限性等因素相互叠加，使得现代社会成为风险无处不在的社会。而伴随着我国社会转型的不断深入，各种社会矛盾丛生，导致社会风险不断加大，各类大规模侵权行为频发，给人们生命财产安全、经济的持续快速发展和社会和谐稳定带来了巨大威胁。大规模侵权行为受害人数众多，损害后果严重，社会影响深远，已经远非传统的侵权行为。大规模侵权行为对风险社会的挑战主要体现在侵权行为认定复杂和损害赔偿困难两方面。[2]

---

[1] ［日］星野英一：《民法典中的侵权行为法体系展望》，渠涛译，载《法学家》2009 年第 2 期。

[2] 杨丽萍：《大规模侵权责任保险制度研究》，西北大学硕士学位论文，2012 年，第 9—11 页。

1.大规模侵权行为认定的复杂性

大规模侵权行为和传统的单一侵权行为相比，在构成要件的认定上十分复杂，主要体现在以下几个方面：

（1）受害人数众多。传统的侵权行为一般是一对一的模式，也就是一个加害人或者少数几个加害人针对一个受害人或者有限少数的受害人，而大规模侵权行为的受害人人数成规模化，少则数十人，多则成千上万人，这些人有可能分布在一个行政区划内，也有可能分布在全国各地甚至全世界，对受害人的认定和受害人数的统计十分复杂。

（2）损害后果十分严重。一次大规模侵权行为可能会造成数十人或者上百人甚至成千上万人死亡、受伤、患病，而环境污染行为可能给生态环境造成永久性的破坏，或者给当地民众造成数百万元甚至上亿元的经济损失，这些损害很难在较短的时间内得到救济。

（3）救济具有紧迫性。在造成多人人身损害的大规模侵权中，抢救生命十分迫切，而能否及时获得充足的医药费直接决定着救济的程度。在财产损害中尤其是由环境污染导致的水产损失直接影响着大量水产养殖户的经济来源，对其生活保障构成严重威胁，这些损害关系受害人的切身利益，因此救济也相当紧迫。

（4）因果关系认定相当复杂。这主要体现在三方面：一是由于受害人数众多，难以区分和确定真正的受害人、假冒的受害人以及潜在的受害人，对受害人数的统计十分复杂；二是有些损害潜伏期较长，例如石棉致人患肺癌、核辐射致人损害等在经历了较长的时间后才发现损害，这时候难以证明损害事实与加害行为之间的因果关系，对于多因一果的情形在证明上更加复杂。三是对于哪些损害是由大规模侵权行为造成，而哪些损害又是由其他因素造成，或者大规模侵权行为和其他因素在原因力上的比例是多少都难以快速认定。损害额的认定、计算、分配等问题也十分复杂。

2. 大规模侵权损害赔偿的困境

对受害人的救济是研究大规模侵权行为的出发点和落脚点。由于大规模侵权行为在认定上比传统的普通侵权行为复杂，传统的损害救济法难以应对，大规模侵权损害赔偿在现实中陷入了困境。

首先，加害人无力赔偿时，受害人难获救济。早在《侵权责任法》起草阶段，就有学者提出应该对大规模侵权行为做出规定。虽然从《侵权责任法》中找不到大规模侵权行为的字眼，但是其具体规则设计体现出了对大规模侵权行为的考虑。例如立法目的的明确、侵权责任范围的扩大、归责原则体系的完善、惩罚性赔偿在产品责任中的应用、特殊侵权行为类型的丰富等都为应对大规模侵权行为提供了法律依据。但是其前提是建立在侵权行为人有赔偿能力和司法资源充足的基础之上的。如果责任方没有赔偿能力，那么受害人就无法获得完全、及时、有效的赔偿，《侵权责任法》的救济目的也会因加害人无法承担赔偿责任而落空。因此受害人能否获得全面救济直接取决于责任企业的经济实力。大规模侵权行为的受害人数众多、损害后果严重，责任方往往面临巨额索赔，即使资金雄厚的大企业也会因巨额索赔以及繁冗的诉讼陷入经营困境，甚至导致破产，这直接导致受害人无法获得赔偿。例如三鹿集团破产使得起诉到法院的众多受害患儿即使胜诉也无法获得任何赔偿。

其次，受害人寻求诉讼救济举步维艰。①法院立案难。面对大规模侵权行为诉讼，法院考虑到社会影响和司法资源一般迟迟不肯立案，或者以证据不足驳回起诉，这使得受害人无法通过司法途径获得救济。②诉讼成本高，周期长。大规模侵权行为诉讼费用、律师代理费、咨询费等与一般的单一侵权行为相比较高。此外，诉讼耗时长是中国司法制度的一个弊病，大规模侵权行为由于案件数量多，损害事实、因果关系、证据认定等较为复杂，加之我国司法资源本身十分紧缺，因此审理周期比一般的单一案件耗时更长，这就使得受害者即使胜诉也难解燃眉之急。③执行难。执行难也是中国司法实务中的一大难题。受害人即使胜诉也会因执行难导致无法获得赔偿，这使得判决书成为一张没有效力的白纸。

再次，行政主导的救济模式缺乏公平性和透明性。行政主导的救济模式能够使受害人获得及时、有效的救济，成本低，损失小，是我国当前处理群体性纠纷或者突发事件时最常用的手段。但是政府用纳税人的钱替侵权行为人承担赔偿责任，这不符合"为自己的行为负责"的法理，因此缺乏公平性。例如"7·16"大连原油泄漏事故，大连市政府组织数千名渔民清理漏油，每桶奖励300元，而事故的责任方中石油大连分公司却大张旗鼓地表彰抢险的先进个人，这遭到了媒体和大众的强烈质疑。[1] 政府在制定赔偿方案时缺乏受害人和社会大众的广泛参与，赔偿标准的依据不够明晰，事故处理全过程缺乏透明性。

最后，社会风险较高。加害企业由于无法承担巨额索赔而面临破产，这不仅会造成大量工人失业，也会对整个行业产生负面影响，甚至影响一国的经济发展和社会秩序的稳定。例如"三鹿奶粉事件"直接导致三鹿集团破产，使中国的乳制品在国内外受到了巨大打击，同时也给全国的奶农带来了深远影响。

"现代社会意外灾害之巨大性及频发性，传统救济制度实难胜任填补之任务。"[2] 如何对受害人进行及时、充分、有效的救济成为了研究大规模侵权行为的重大课题。

第二节　大规模侵权之风险管理需求

研究大规模侵权责任风险的意义，并非仅仅限于了解风险的特征和类别，更重要的是如何从制度层面去管理大规模侵权责任风险。正如贝克教授所言："风险意识的核心不在于现在，而在于未来。我们在今天变得积极是为了避免、缓解或者预防明天或者后天的问题和危机。"[3] 英国著名的社会理论家和社会学家吉登斯也曾言："我们从来不能成为我们自己历史的主人，但是我们能够而且必须找到驯服这个失控世界的方法。"[4] 在"驯服这个失控世界的方法"中，保险的作用正日益凸显出来。

一、风险社会需要风险管理制度

一部人类文明发展史其实也是人与灾害事故的斗争史，人类社会的发展总是与风险相伴而行。人类已经步入"风险社会"中，各种各样的风险正肆虐地侵蚀着我们的日常生活和工作。但是，在风险面前，人类并非无能为力，只能

---

[1]　中石油大连分公司表彰油管爆炸抢险遭质疑，http://news.qq.com/a/20100809/000262.htm, 2015-11-7。

[2]　王泽鉴：《民法学说与判例研究》（第二册），中国政法大学出版社 2003 年版，第 171 页。

[3]　[德] 乌尔里希·贝克：《风险社会》，何博闻译，译林出版社 2004 年版，第 35 页。

[4]　[英] 安东尼·吉登斯：《失控的世界》，周红云译，江西人民出版社 2001 年版，第 5 页。

坐以待毙。风险的客观存在促使人类不断探索管理风险的方法，努力消除或减轻风险损失，20 世纪 30 年代后产生了现代风险管理活动。1952 年，美国学者格拉尔在其调查报告《费用控制的新时期——风险管理》中，首次使用"风险管理"一词。由此，风险管理的概念开始广为传播。

所谓风险管理，是指社会组织或者个人用以降低风险的消极结果的决策过程，在风险识别、风险估测、风险评价之后，选择与优化组合各种风险管理技术，对风险实施有效控制并处理风险所致损失，以最小的成本获得最大的安全保障。风险管理的对象是风险，过程包括风险识别、风险估测、风险评价、选择风险管理技术和评估风险管理效果等，目标是以最小的成本获得最大的安全保障。[1]

风险管理的目标可以分为损失前目标和损失后目标。前者是指通过风险管理降低和消除风险发生的可能性，为人们提供较安全的生产、生活环境；后者是指通过风险管理在损失出现后及时采取措施以使灾害产生的损失程度降到最低，使受损企业的生产得以迅速恢复，或使受损家园得以迅速重建。

关于风险管理损失前的目标主要有四个：①减少风险事故的发生机会，因为风险事故是造成损失发生的直接原因。②以经济、合理的方法预防潜在损失的发生。这需要对风险管理各项技术的运用进行成本和效益分析，力求以最少费用支出获得最大安全保障效果。③减轻企业、家庭和个人对风险及潜在损失的烦恼和忧虑，为企业或家庭提供良好的生活环境。④遵守和履行社会赋予家庭和企业的行为规范和社会责任。如环境污染控制、公共安全等。至于风险管理损失后的目标主要体现在以下几个方面：①减轻损失的危害程度。损失一旦出现，风险管理者及时采取有效措施予以抢救和补救，防止损失的扩大和蔓延，将已出现的损失降低到最低限度。②及时提供经济补偿，使企业和家庭恢复正常的生产和生活秩序，实现良性循环。及时向受灾企业提供经济补偿，可以保持企业经营的连续性，稳定企业收入，为企业的成长与发展奠定基础；及时向受灾家庭提供经济补偿，使其能尽早获得资金，重建家园，从而保证社会生活的稳定。

为了实现风险管理的上述目标，在实务中存在诸多的风险管理方式，如风

---

[1] 中国保险行业协会网站：http://www.iachina.cn/content_4981772e-d35e-11e3-8806-a421b733dbae.html，最后访问日期：2015 年 8 月 30 日。

险规避、风险自留、风险转移、风险控制等，其中，保险是重要的风险转移方式。在现实生活中，被保险人将自身面临的风险转移给保险人承担，从而自身享受了免遭风险损害的便利。保险因经营风险的特殊行业性质，它已成为主要的风险"集散地"。正如孔涤庵先生所言："白云苍狗，世变靡常，忧患之来，如风作波，瞬息而至，莫可逆测，防之而无术，避之而不能；有法焉，使灾难虽生，而痛苦可除，则保险制度是已。"[1] 由此可知，在风险管理中，保险正发挥着越来越重要的作用。

保险的风险管理功能，不仅体现在事前，更彰显于事后。保险的事前风险管理功能，主要体现在两方面：一方面，从自身利益出发，保险公司有促进风险管理有效性的动力，因为减少风险的损失本身就能减少赔付保险金之数额；另一方面，保险公司有进行风险管理的优势，从费率厘定、承保到理赔，他们都是在与风险打交道，在这个过程中，他们积累了丰富的防灾减损工作的经验。保险的事后风险管理功能，主要体现在补偿损失方面。以2015年6月"东方之星"沉船事件为例，保险业共承保失事客船船东、相关旅行社、乘客和船员投保的各类保险340份，保险金额共计9 252.08万元。通报称，失事客船涉及保险金额共计1 570万元，人保财险重庆分公司已就船舶一切险向重庆东方轮船公司支付了1 000万元保险理赔资金；旅行社责任险涉及保险金额共计1 200万元；396名乘客投保各类人身保险，身故保险金额共计6 169.35万元；18名船上工作人员投保人身保险，身故保险金额共计312.73万元。[2] 再比如，天津港"8·12"特别重大火灾爆炸事故，这次事故是2015年保险市场上最大的赔案。针对这次事故，大地保险公司将可能需要赔付约17亿元，而由苏黎世保险公司承保的一个仓库的损失估计也在22亿元。[3] 不难想象，面对这些大规模侵权风险事故，如果没有保险公司进行承保，受害企业，抑或是由风险致损的受害人，该如何摆脱这些"灭顶之灾"带来的损害。

综上，风险社会呼唤风险管理制度。保险作为重要的风险管理制度，在分

---

[1]　孔涤庵：《保险法》，商务印书馆1931年版，第1页。

[2]　中国网：http://news.china.com.cn/2015-08/22/content_36385448.htm，2015年8月30日访问。

[3]　《天津爆炸致近万辆汽车受损　保险公司将埋单数十亿》，载《第一财经日报》，2015年8月17日。

散和化解风险方面的作用已不容小觑。国学大师胡适先生谈起保险时曾说过："保险的意义只是今天作明天的准备；生时作死时的准备；父母作儿女的准备；儿女幼时作儿女长大时的准备，如此而已。今天预备明天，这是真稳健；生时预备死时，这是真豁达；父母预备儿女，这是真慈爱。能做到这三步的人，才能算作现代人。"现代保险是市场经济条件下风险管理的基本手段，是经济社会的重要组成部分。"社会已前进到了保险被普遍利用的一个发展阶段。保险应当被作为一个妥当的手段，以之解决风险社会所希望解决的问题。"[1]

二、保险在损害赔偿法中之地位及影响

在现行法上并无一个称为"损害赔偿法"的法律。所谓损害赔偿法，系关于损害赔偿法律规定的总称，乃法学上的用语，旨在建构损害赔偿制度的体系。广义言之，包括损害赔偿的"发生原因"及"法律效果"；狭义言之，则仅其法律效果而言。[2]损害赔偿法之目的，"在于使加害人负担合理之赔偿，以救济被害者所遭受之损害"[3]。

（一）从"报复律"到"损害赔偿法"[4]

在原始时代的民族中，其对于冤屈的救济，通常采用直接的方式。当时的社会组织，以血亲团体为单位，团体对于个人的行为应负直接的责任。故对于父亲之恶性，得以同样的行为施于其子嗣，以作报复。此种以血亲团体为基础的血亲律，在根本上属于报复律；后逐渐由人身而推及至财物，凡个人对于他人之财物损害者，被害者亦可损害其同样之财产，或侵害者以同样的财产赔偿受害者。

随着文明的不断进步，人们逐渐意识到"血债血偿"的"报复律"不但难以定纷止争，反而会使仇恨世代相传；而且发展到农业社会，农耕须以安定的社会条件为基础，情感逐渐被理智所控制，在私有财产体制下，相较于心理快感，物质补偿较具有实益。当时社会团体中的首领，作为最初的"调解员"开

---

[1] Ivar Strahl, *Tort Liability and Insurance, Scandinavian Studies in Law*, Vol.3, 1959, p.213.

[2] 王泽鉴：《危险社会、保护国家与损害赔偿法》，载《月旦法学杂志》2005年第2期。

[3] 黄公觉：《损害赔偿法概论》，商务印书馆1936年版，第2页。

[4] 黄公觉：《损害赔偿法概论》，商务印书馆1936年版，第3—6页。

始对不同等级的人身伤害行为做出评判。较为轻微的人身与财产伤害处以一定货币以补偿受害人，而较为严重的则以剥夺人身自由甚至生命来作为惩罚，以慰藉受害者盛怒之情感。团体中所有成员必须依此行事，不得诉诸武力加以解决。此时，同出一源的"犯罪法"与"损害赔偿法"，开始出现分野。后逐渐发展成为刑法与民法中之重要组成部分。

（二）从"个人主义"到"集体主义"

损害之发生与赔偿深受社会组织、经济发展及伦理道德观念之影响。在农业社会，重视家族连带关系，损害赔偿法之功能、指导原则及结构体系，与强调个人自由主义之工业社会相比较，有显著不同。诚如奥地利学者 Unger 所言："损害赔偿法，在特别程度上，乃是某一特定文化时代中，伦理信念、社会生活与经济关系之产品和沉淀物。"[1]

其中民法之损害赔偿责任法初以过失责任为原则，又仅将加害人与被害人纳入系统内，损害或由被害人自己承担，或由加害人赔偿。如此之损害填补制度不臻完善。被害人可能因各种因素，难以获得全面之损害赔偿；加害人之权利也难以获得全面保障。第一，现代以来，特别是现代工业化带来许多特殊危险，行为人可能已经尽了相当之注意义务但仍无法避免损害发生，法律因社会利益的考量并未加以禁止。若有损害发生，可能因行为人已尽相当注意，被害人无法主张过失责任请求损害赔偿。第二，从受害人角度视之，受害人通常借助诉讼解决争端，其中对加害人的过失负举证责任不但难以做到且耗时费力，极容易造成对被害人"二次伤害"；[2] 即便受害人胜诉，如若加害人无任何资力承担相应损失，被害人将一无所得，损害赔偿法之目的亦随之落空。第三，从加害人角度视之，现代社会危害事故剧增，损失重大，更可能成立高额之损害赔偿责任，使加害人终身背负巨债，仅可在维持生活所必需而禁止强制执行的条件先艰苦生活。过重之损害赔偿责任与强调保障个人生存之社会国家思想有所违背。所以，现代损害赔偿法的发展方向在于将损失转移到某一能够承担

---

[1] 王泽鉴：《民法学说与判例研究》（第2册），中国政法大学出版社1997年版，第142页。

[2] [澳] 彼得·凯恩：《阿蒂亚论事故、赔偿及法律》，王仰光、朱呈义、陈龙业、吕杰译，中国人民大学出版社2008年版，第504页。

损失但其本身又不会承受过重负担的主体，而这一主体主要指的就是那些具有共同连带关系的保险人。[1]

有别于民法上个人主义的损害赔偿责任，保险所采之集体式的损失补偿方式，由于损失由集体来承担，故并无个人给付能力之困难。有鉴于此，保险集体损失补偿制度日益扩大，全民健康保险、医疗保险、强制汽车责任保险及诸多强制公共意外责任保险等陆续施行，在整个损害赔偿体系中所占比重亦日益增加，同时也对民法之损害赔偿责任本身产生一定的影响。

（三）从单一到多元：损害事故的多元化处理机制

我们生活在一个建立在政治与经济原则混合物基础之上的社会中。在如此社会中，单一制度无法解决日益严重的损害事故，所以大多数国家或地区采用混合体制，实现"个人自由及责任"和"社会安全"，因此多种损害填补制度并存。其内容交错复杂，而且经常变动修正。[2]

在损害事故所招致的不幸中，一些不幸如此小以至于它们被简单地划作生活的常态而被接受；另一些虽然更小但被看作个人的事情而进行保护，如果愿意，可以采取私人保险的方式；另外一些被视作足够重要，国家构建一套强制的制度以确保另外一些人给受害人给付赔偿；还有一些如此重要以至于国家自己承担筹集金钱提供赔偿或者利用项目服务来帮助受害人。[3]上述损失由当事人自己承担、损失由保险公司承担、损失由国家承担等不同的危险处理方式，基本展现了当代社会对待危险与损害的态度。

现代的损害赔偿法植根于整个法律体系，在这个法律体系中包含了不同损失分担制度。损害赔偿法依据其正义价值基础，旨在完全填补受害人遭受的损害，但也应当注意避免不同损害赔偿制度的混合使用给受害人带来选择上的困

---

[1] 刘凯湘、曾燕斐：《论侵权法的社会化——以侵权法与保险的关系为重点》，载《河南财经政法大学学报》2013年第1期。

[2] 王泽鉴：《民法学说与判例研究》（第2册），中国政法大学出版社1997年版，第168页。

[3] [澳]彼得·凯恩：《阿蒂亚论事故、赔偿及法律》，王仰光、朱呈义、陈龙业、吕杰译，中国人民大学出版社2008年版，第7页。

境或额外利益。[1]因此需要衔接损害赔偿法内的不同制度，尤其需要厘清保险在损害赔偿法中的地位，实现现行法对于事故之处理方式的沟通与协调，以充分保障受害人的利益。为研究的方便，本书将主要研究第三者责任保险在大规模侵权中的重要作用。

三、责任保险：大规模侵权责任风险管理的重要制度

在日常的生产和生活过程中，大规模侵权行为此起彼伏，如企业生产有瑕疵的产品给消费者造成损害、企业因排污污染河流，等等，这些损害都会使加害人不得不承担大额的损害赔偿金额。由于大规模侵权责任风险的存在，新的风险管理形式——大规模侵权责任保险——出现。

大规模侵权责任保险和其他保险一样，可以帮助被保险人消除危险和灾难。它的风险管理功能可以从以下几个方面理解：

1. 保障人民的生命财产安全

随着经济的发展，各种责任事故频繁发生。在生活中，人们常会看到这样一些醒目的标题："制造商因造成客户伤害而支付数百万赔款"、"医院因医疗事故而遭起诉"，等等，这些责任广泛存在于公司、医院甚至我们的家庭中，使企业和个人背上沉重的损害赔偿负担。通过责任保险，不仅加害人的损害赔偿责任风险得以分散，而且受害人可以免受加害人赔偿能力不足的影响，及时获得充分的补偿。

2. 有利于促进安全生产和消费

我国现在安全生产的形势依然严峻，事故不断发生，比如，2013年山东青岛"11·22"中石化东黄输油管道泄漏爆炸特别重大事故；2015年天津港"8·12"特别重大火灾爆炸事故。通过大规模侵权责任保险制度，企业可以把全部或部分风险转移给保险人，这不仅有利于企业化解安全生产事故风险能力的提升，而且有利于企业免除后顾之忧。此外，消费是我们每天生活必不可少的活动，但是商品安全问题一直令人们担忧。从"大头娃娃"到"结石宝宝"，从"染色馒头"到"地沟油"，产品安全隐患从未间断。建立产品责任保险，能够更

---

[1] [奥]海尔穆特·库奇奥：《损害赔偿法的重新构建：欧洲经验与欧洲趋势》，朱岩译，载《法学家》2009年第3期。

好地保障消费者。利用自己手中掌握的赔付资料，保险公司可以对产品进行严格的评级，引导公众购买高质量的产品。

3. 有利于人和自然和谐共处

经济的飞速发展导致人与自然的关系日趋紧张，以牺牲环境为代价换来的经济发展必然不会长久，环境责任保险的存在可以很好地缓解这种紧张关系。一方面，保险公司为了自身利益，减少赔偿风险，会监督检查投保企业，帮助其减少污染事故；另一方面，为了降低保费成本，投保企业会自觉地使用环保技术，减少污染物的排放。此外，即使污染事故发生，它也能快速地救济受害人。

4. 有利于化解矛盾纠纷，维护社会稳定

市场化进程的不断推进，带来诸多的社会问题，社会矛盾时有激化。作为市场化的手段，大规模侵权责任保险有助于解决大规模侵权责任事故纠纷，提高纠纷解决的效率，降低社会成本。近年来，医患关系日益紧张，医疗责任保险的广泛开展可以有效化解医生、患者和医院之间的纠纷，维护正常的医疗秩序，减轻政府的压力。

第三节　大规模侵权责任保险之内涵解析

一、大规模侵权责任保险之概念

美国著名的法理学家博登海默曾指出："概念乃是法律问题所必需的和必不可少的工具。没有限定严格的专门概念，我们便不能清楚地和理性地思考法律问题。没有概念，我们便无法将我们对法律的思考转变为语言，也无法以一种可以理解的方式把这些思考传达给他人。如果我们试图完全否弃概念，那么整个大厦就将化为灰烬。"[1] 由此而知，概念的确立对思考和解决法律问题意义非凡。具体到大规模侵权责任保险问题，首先我们必须明确正确的大规模侵权责任保险的概念。

---

[1]　［美］博登海默：《法理学：法律哲学与法律方法》，邓正来译，中国政法大学出版社 1999 年版，第 486 页。

大规模侵权责任保险作为责任保险之种类，想要准确理解其概念，我们可以回归一般责任保险做探讨。责任保险的概念在《中华人民共和国保险法》中有明确的规定，《中华人民共和国保险法》第 65 条第 4 款规定："责任保险是指以被保险人对第三者依法应负的赔偿责任为保险标的的保险。"学界对此也有清楚认识，有学者言："所谓责任保险，是以被保险人的民事赔偿责任为保险标的，为被保险人可能承担民事赔偿责任而丧失的利益提供经济补偿的一种保险合同。"[1] 简言之，责任保险是被保险人为免除自己对第三人的损害赔偿责任为目的所订立的保险契约。责任保险所称之"责任"，为损害赔偿责任之简称，故日本称责任保险为"赔偿责任保险"。在保险实务中，保险人设计开办了各种不同名称、不同承保范围的责任保险。除一般责任保险之外，尚有因专门职业活动所产生的专门职业人员责任保险，如会计师责任保险、律师责任保险等，因应商业营业活动的责任保险，如产品责任保险、公共责任意外保险等，及因应现代社会机动化生活的责任保险，如机动车责任保险。随着损害赔偿责任的社会化，部分责任保险又有强制化的趋势，如机动车强制责任保险。

依据上述责任保险之认识，本书认为，大规模侵权责任保险是指以大规模侵权损害赔偿责任为保险标的的责任保险。根据法律强制性的要求不同可以划分为大规模侵权强制责任保险和大规模侵权任意责任保险。

二、大规模侵权责任保险之特点

（一）一般责任保险之特点

1. 责任保险之人

在责任保险中，除了保险人与被保险人外，还涉及一个重要的利害关系人，即受害第三人。责任保险的被保险人虽因保险事故的发生而遭受损害，然而，这一损害并非指特定财产或物品遭受毁损、灭失等侵害，而是因被保险人不法行为而遭受侵害的受害第三人提起请求时，可能面临的不利情况，因此被保险人损害事故的确认，与受害第三人的行动息息相关，必须等到受害第三人向被保险人提出"请求"时，被保险人始有遭受损害的可能。因此，除了保险人与

---

[1] 温世扬：《保险法》，法律出版社 2003 年版，第 250 页。

被保险人的外，还有受害第三人存在。整个责任保险发生作用时，保险人、被保险人和受害第三人都成为不可或缺的主角，责任保险是由三方玩家所进行的"游戏"。

2. 责任保险之法律构成

责任保险具有复杂的法律关系结构，除保险人和被保险人之间的保险关系外，还有被保险人（加害人）与被害人之间的责任关系。基于债之相对性，这两个法律关系之间本无任何联系，但随着责任保险制度机能之转变，自保护被保险人的思想逐渐趋向同时兼顾或甚而优先保护受害人的思想模式下，渐而承认受害第三人对保险人有直接请求权，两者之间存有直接关系。这三种关系形成一个"等边三角形"而构成责任保险的内容。

3. 责任保险之法律问题

在责任保险中，它一般会涉及两个法律问题：被保险人对受害第三人的法律责任和保险承保的范围及其有效性。"责任保险的理赔并不是由于被保险人自己的财产损失，而是由于被保险人对他人人身或财产的侵权责任，换言之，责任保险进一步依赖于被保险人对第三人的责任是否属于保单所承保的'意外事件'或意外事故。"[1] 另外，在实践中，与保单的承保范围相比，被保险人法律责任的问题是一个更难证明和裁决的问题。

（二）大规模侵权责任保险之特点

因为大规模侵权责任保险属于责任保险之范畴，所以，大规模侵权责任保险也具有上述一般责任保险之特征。但除了上述特征外，它的特点可以从以下几个方面理解：

1. 产生与发展方面

一般而言，大规模侵权责任保险产生与发展的基础主要包括三个方面：①大规模侵权风险不断增加，人们在享受经济发展和科技进步所带来的便利与快捷的同时，也在担忧风险给自己带来的人身伤害和财产损失，各个领域大规模侵权事件的不断涌现，严重阻碍经济发展并且影响社会和谐。②法制的健全

---

[1] ［美］约翰·F·道宾：《美国保险法》，梁鹏译，法律出版社2008年版，第27页。

和完善，尤其是侵权责任法和责任保险法制的完善，是大规模侵权责任保险坚实的法律根基。③公众索赔意识的提高，随着教育水平的提高，人们逐步认识到可以要求致害人承担责任，不管受到的伤害真实与否，都会以侵权法或其他法律的规定而诉诸法院，这种情况在不断增加，这在客观上刺激了潜在的加害人投保大规模侵权责任保险。

2. 承保标的方面

与一般财产保险相比，大规模侵权责任保险的承保标的是被保险人对第三人依法应负的大规模侵权损害赔偿责任。大规模侵权行为造成的损害一般数额巨大，人数众多，波及范围特别广，而一般侵权行为造成的损害仅限于某个特定对象，损害数额相对较少。

3. 赔偿范围方面

在大规模侵权责任保险中，保险人往往将精神损害赔偿排除在保险责任范围之外，只承保物质性损害。此外，对于物质性损害赔偿，保险公司一般有限额要求，因为大规模侵权的赔偿风险相当巨大，而保险公司预测风险的能力会受到诸多因素制约，为了管控风险，安全经营，保险公司一般都会在保单中规定自负额、责任限额或者免赔额。

三、大规模侵权责任保险之种类

由于大规模侵权行为会发生在诸多不同的领域，如环境领域、产品生产领域、交通领域，等等，因此，大规模侵权责任保险也包含不同的种类。下文将对主要的几种大规模侵权责任保险进行介绍和说明。

（一）环境责任保险

目前，对环境责任保险（Environmental Liability Insurance，简称 ELI）尚无统一定义。从我国学者现有观点来看，有的学者指出："一般认为，环境责任保险以被保险人因污染环境而依法应承担的赔偿责任作为保险对象的保险，且保险对象通常仅限于因自灾害或意外事故等突发事件所造成的人身伤亡、财产损害等经济性损失。"[1]也有学者认为："环境责任保险，是指以被保险人

---

[1]　覃有土：《保险法概论》，北京大学出版社 1993 年版，第 193 页。

因污染环境而应当承担的环境赔偿或治理责任为标的的责任保险。"[1] 由上述观点而知，两者对环境责任保险的保障对象的认知并不相同，主要分歧在于：治理责任是否为环境责任保险的保险标的？对此问题的回答，可回归《中华人民共和国保险法》对责任保险的一般规定来进行探讨。《中华人民共和国保险法》第 65 条第 4 款规定："责任保险是以被保险人对第三者依法应负的赔偿责任为保险标的的保险。"由此规定可知，责任保险承保的是民事损害赔偿责任，而非刑事责任或行政责任。在环境责任中，被保险人依法应当承担的限期治理责任属于环境侵权责任之一种，是对环境权益或公共财产等造成损害之时而必须承担的责任，所以，其可以成为环境责任保险的保险标的，但保险人是否承担责任，仍要审视保险合同的约定。被保险人缴纳一定的保险费，购买一个安全，将需要承担的赔偿责任转嫁给保险人承担，但依据对价平衡原则，保险人并非承担被保险人的全部赔偿责任，只有赔偿责任落入保险合同时，保险人才须对此负责。因此，治理责任可以成为环境责任保险的保障范围，在概念中应予以体现。承上，本书认为，环境责任保险是指以被保险人因污染环境而应当承担的环境赔偿或治理责任为标的的责任保险。

环境责任保险是一种分散和防范侵权损害的法律技术，是"经济制度与环境侵权民事责任特别法高度结合的产物"。它对于化解环境侵权人的风险，增加受害人受偿的可能性无疑是有效的。[2] 依照不同的分类标准，环境责任保险可以被划分为不同的种类。

首先，依照环境责任保险对环境污染责任的约定，环境责任保险分为：环境损害责任保险和自用场地治理责任保险。依照环境责任损害责任保险，保险公司对被保险人因其污染环境造成任何第三人的人身损害和财产损失而发生的赔偿责任，承担给付保险金的责任；依照自用场地治理责任保险，对被保险人因其污染自用的场地，依法负有治理污染的责任并因此而支出治理费用的，保险公司以保险合同约定的赔偿限额为基础，承担保险给付责任。[3]

其次，依照环境污染致人损害而发生索赔的时间是否在保险合同的有效期间，环境责任保险有"事故发生基础制"责任保险和"索赔基础制"责任保险。

---

[1] 邹海林：《责任保险论》，法律出版社 1999 年版，第 100 页。

[2] 肖海军：《论环境侵权之公共赔偿救济制度的构建》，载《法学论坛》2004 年第 3 期。

[3] 邹海林：《责任保险论》，法律出版社 1999 年版，第 104 页。

所谓"事故发生基础制"责任保险，是指只要被保险人致人损害的危险事故发生在保险期间内，保险人就需要承担保险责任。这种形式的责任保险保单有一个致命的缺陷——"长尾责任"，因环境污染而发生的损害经常是一种渐变的损害，如果以"事故发生基础制"责任保单承保这种风险，如果受害第三人在保险单有效期间失效若干年甚至几十年后才提出赔偿请求，因事故发生在保险期间内，保险人仍须承担赔偿责任，这明显不利于保险人控制风险。保险人为了限制其责任的承担，在环境责任保险单中不得不使用"日落条款"[1]。所谓"日落条款"，是指约定自保险单失效之日起最长30年的期间为被保险人向保险人通知索赔的最长期限的条款。[2]即在责任保险单失效之日起超过30年的，任何人向被保险人请求环境责任赔偿的，被保险人不得再请求保险人承担保险责任。为了避免事故发生基础制责任保险的上述缺陷，在责任保险实务中出现了索赔基础制责任保单，只有受害第三人的索赔请求是在保险期间提出的，保险人才承担赔偿责任。

最后，依照环境责任保险关系的建立是否取决于投保人的意志，环境责任保险可分为强制环境责任保险和自愿环境责任保险。观诸域外，世界上许多国家都对环境责任保险采取强制投保的形式，如美国、瑞典、德国等针对有毒物质和废弃物的处理、处置可能引发的损害赔偿责任实行强制保险制度。欧共体正在考虑在成员国推行环境责任强制保险。我国对于某些污染环境的行业已经实行环境责任强制保险。[3]例如，依照《海洋石油勘探开发环境保护管理条例》（1983年）第9条的规定，从事海洋石油勘探、开发的企业、事业单位和作业者，应当投保有关污染损害民事责任的保险。自愿环境责任保险则是由投保人和保险人在自愿、平等、互利的基础上，经过协商一致订立保险合同的一种保险。投保人可以根据自己的意愿自主选择是否投保、与谁投保、投保的险种、期限等内容。

（二）产品责任保险

随着经济的不断发展，科技的不断进步，社会生产日益集中化和专业化，

[1] 邹海林：《责任保险论》，法律出版社1999年版，第105页。

[2] Nick Lockett, *Environmental Insurance Liability*, Cameron May, 1996, p.21.

[3] 贾爱玲：《环境责任保险制度研究》，中国环境科学出版社2010年版，第68页。

人与人之间交往的频率不断增加。贸易交往的日益国际化，使得同类产品的受用人群分布广泛。为了满足自身利益的最大化，企业的逐利性越来越明显，因此，产品大规模侵权事件时有发生。从 2004 年安徽阜阳的"大头娃娃"事件到 2006 年河北石家庄"苏丹红鸭蛋"事件，从 2008 年河北石家庄的"三鹿奶粉事件"到 2011 年河南孟州"瘦肉精"事件，再到 2014 年的台湾"地沟油"事件，产品尤其是食品方面的大规模侵权案件频繁发生，令人触目惊心，损害后果之严重，损害面积之广泛，超出人们的想象。[1] 产品领域方面的侵权案件一旦发生，可能波及整个国家甚至超越国界，受害者众多，损害结果巨大，产品领域方面的大规模侵权问题凸显出来。为了分散企业责任，救济受害人，减轻政府压力，产品责任保险产生。

所谓"产品责任保险"，是指以产品的生产者和销售者因生产和销售的产品造成产品使用者人身伤亡、疾病或者财产损失而应当承担的损害赔偿责任为标的的责任保险。由此可知，产品责任保险的标的为产品责任，产品责任实行的为无过错责任，以因为产品存在缺陷造成人身、缺陷产品以外的其他财产损害而应当承担的赔偿责任为限。因产品本身存在的质量缺陷而发生的赔偿产品自身损失的责任，不属于产品责任。产品责任保险的目的，在于保护产品的制造商或者生产商免受因其产品的使用而造成他人人身或者财产损害而承担赔偿责任的损失。

关于产品责任保险，它主要具有以下几个特点：[2] ①产品责任保险强调以产品责任法为基础。因为受害者和致害者之间是侵权关系，必须通过一定的法律来规定责任的划分以及索赔的依据。②产品责任保险虽然不承担产品本身的损失，但它与产品本身有着内在的联系。即产品质量越好，产品责任的风险就越小，反之亦然；产品种类越多，产品责任的风险就越复杂，反之亦然；产品销售量越大，产品责任的风险就越广泛，反之亦然。③由于产品时连续不断的生产和销售，因此，产品责任保险的保险期限虽然仍为一年期，但强调续保的连续性和保险的长期性。④强调保险人与被保险人的协作与信息沟通。因为竞争的需要，产品必然要不断改进并更新换代，或者要采用新技术、新工艺、新

---

[1] 商昌国：《食品领域大规模侵权行为的界定及赔偿标准的确定》，载《河北法学》2015 年第 9 期。

[2] 刘金章、刘连生、张晔：《责任保险》，西南财经大学出版社 2007 年版，第 313 页。

材料，这一特征决定了产品责任保险人须随时把握被保险人的产品变化情况，并通过产品的变化来评估风险，做出反应。

产品责任保险最早始于 1910 年前后的英、美等国保险市场，至今已有近 90 年的历史，但迅速发展只是近 30 年的事。产品责任保险目前在北美、西欧、日本等国家和地区比较普及。我国承保产品责任保险的历史只有 20 多年。1980 年，由于我国外贸出口到美国的烟花爆竹在美国发生产品责任事故而引起巨额索赔和诉讼纠纷，导致美国进口商对我方产品有投保产品责任险的要求。鉴于这种情况，当时的中国人民保险公司在涉外业务中开办了产品责任险，国内业务也于 1985 年开办了产品责任保险。以产品种类划分，国内已开办过的产品责任险主要有以下几类：家用电器产品类、机电产品类、食品类、其他产品类。[1] 以中国平安财产保险股份有限公司《平安食品安全责任保险条款》为例，其第三条规定了保险人的责任，内容为："在保险期间或保险合同载明的追溯期内，被保险人在本保险合同列明的经营场所内生产、销售食品，或者现场提供与其营业性质相符的食品时，因疏忽或过失致使消费者食物中毒或其他食源性疾患，或因食物中掺有异物，造成消费者人身伤亡或财产损失，受害人或其代理人在保险期间内首次向被保险人提出损害赔偿请求，依照中华人民共和国法律（不包括港澳台地区法律）应由被保险人承担的经济赔偿责任，保险人按照本保险合同约定负责赔偿。"第五、六、七条规定了保险人责任免除事由，第五条规定："出现下列任一情形时，保险人不负责赔偿：（一）被保险人未取得食品生产、销售或餐饮服务经营许可证从事食品生产销售经营活动的；（二）被保险人被吊销食品生产、销售或餐饮服务经营许可证后继续从事食品生产销售经营活动的；（三）被保险人超越经营范围生产、销售或提供食品；（四）被保险人在本保险合同列明的经营场所外生产、销售或提供食品；（五）被保险人使用劣质的、未经国家有关部门批准使用或国家明令禁用的食品原料或非食用性原料、食品添加剂、营养强化剂或包装材料等来生产、销售或提供食品。"其第六条规定："下列原因造成的损失、费用和责任，保险人不负责赔偿：（一）投保人、被保险人及其代表的故意行为或重大过失；

---

[1]　刘金章、刘连生、张晔：《责任保险》，西南财经大学出版社 2007 年版，第 314—315 页。

（二）战争、敌对行动、军事行为、武装冲突、罢工、骚乱、暴动、恐怖活动；
（三）核辐射、核爆炸、核污染及其他放射性污染；（四）大气污染、土地污染、水污染及其他各种污染；（五）行政行为或司法行为；（六）地震、火山爆发、海啸、雷击、洪水、暴雨、台风、龙卷风、暴风、雪灾、雹灾、冰凌、泥石流、崖崩、地崩、突发性滑坡、地面突然下陷等自然灾害；（七）食品超过规定的保质期限；（八）专供婴幼儿的主、副食品不符合国务院卫生行政部门制定的营养标准；（九）被保险人违反《食品卫生法》的规定，雇佣患有痢疾、伤寒、病毒性肝炎等消化道传染病（包括病源携带者），活动性肺结核、化脓性或者渗出性皮肤病以及其他有碍食品卫生的疾病的人员，参加接触直接入口食品的工作。"第七条规定："下列损失、费用和责任，保险人不负责赔偿：（一）被保险人或其雇员的人身伤亡及其所有或管理的财产的损失；（二）被保险人应该承担的合同责任，但无合同存在时仍然应由被保险人承担的经济赔偿责任不在此限；（三）罚款、罚金及惩罚性赔偿；（四）精神损害赔偿；（五）间接损失；（六）投保人在投保前已经知道或可以合理预见的索赔情况；（七）销售到境外（包括港、澳、台）的食品所引起的责任；（八）由食品引起的任何慢性病、代谢病，如糖尿病、高血压等所引起的责任；（九）基因或转基因食品所引起的责任；（十）食品保健功能的失效所引起的责任；（十一）食品退换、回收、召回所造成的损失；（十二）食品本身的损失；（十三）由于消费者自身疾病、故意或重大过失行为所导致的任何损失；（十四）本保险合同中载明的免赔额。"

（三）公众责任保险

所谓"公众责任保险"，又称普遍责任保险或综合责任保险，是指以被保险人因其违反法定义务造成他人（公众）人身伤亡或者财产损失而应当承担的赔偿责任为标的的责任保险。公众责任风险在现实生活中是普遍存在的，如影剧院、运动场、动物园等各种公共场所，都有可能在生产、营业过程中发生意外事故，造成他人的人身伤害或财产损失，致害人都必须依法承担相应的民事损害赔偿责任。因此，被保险人就有分散、转嫁公众责任风险的必要，这是各种公众责任保险产生并得到迅速发展的基础。公众责任保险是责任保险一项独立的、适用范围极其广泛的险种。广义的公众责任保险几乎承保所有的损害赔偿责任；狭义的公众责任保险，仅以被保险人的固定场所作为保险区域范围，主要承保企业、机关、团体、家庭、个人以及各种组织（单位）在固定的场所从事生产、经营等活动以至于日常生活中由于意外事故而造成他人人身伤害或财产损失，依法应由被保险人所承担的各种经济赔偿责任。

公众责任保险始于 1855 年英国铁路旅客保险公司向铁路部门提供的承运人责任保险。按照英、美保险市场的含义，公众责任保险是指除雇主责任保险以及航空、汽车、机器和海上保险中的责任保险以外的所有个人与企业责任保险的总称。[1] 因此，公众责任保险承保了个人与企业所面临的大部分责任保险。通常情况下，公众责任保险主要分为以下几类：场所责任保险、电梯责任保险、承包人责任保险、承运人责任保险、个人责任保险等几种基本险种。

依照我国的保险实务，以中国平安财产保险股份有限公司《平安公众责任保险条款》为例，其第六条规定："下列原因造成的损失、费用和责任，保险人不负责赔偿：（一）投保人、被保险人及其代表的故意行为或重大过失；（二）战争、敌对行动、军事行为、武装冲突、罢工、骚乱、暴动、恐怖活动；（三）核辐射、核爆炸、核污染及其他放射性污染；（四）大气污染、土地污染、水污染及其他各种污染；（五）行政行为或司法行为；（六）地震、台风、暴雨、洪水等自然灾害；（七）火灾、爆炸、烟熏；（八）被保险人超越经营范围的行为；（九）被保险人侵害他人姓名权、名称权、肖像权、名誉权、荣誉权以及个人隐私的行为；（十）被保险人侵害他人商标权、专利权、著作权以及商业秘密的行为；（十一）被保险人所有、管理的机动车辆、核设施、航空航天器、铁路机车、海上设施、船舶、起重机械、电梯、升降机、自动扶梯导致的损失。"第七条紧接着又规定："下列损失、费用和责任，保险人不负责赔偿：（一）被保险人或其雇员的人身伤亡及其所有或管理的财产的损失；（二）被保险人应该承担的合同责任，但无合同存在时依法仍然应由被保险人承担的经济赔偿责任不在此限；（三）罚款、罚金及惩罚性赔偿；（四）非人民法院以判决方式做出的精神损害赔偿，但保险人事先书面同意的不在此限；（五）间接损失；（六）投保人、被保险人在投保之前已经知道或可以合理预

---

[1]　刘金章、刘连生、张晔：《责任保险》，西南财经大学出版社 2007 年版，第 259 页。

见的索赔情况；（七）被保险人或其雇员出售、赠与的产品、货物、商品所导致的损失；（八）因建设工程施工引起的任何人身伤害和财产损失；（九）患传染病以及食物、饮料、酒精中毒造成的损失；（十）被保险人或其雇员因从事医师、药剂师、美容师、会计师、审计师、设计师、监理师、评估师、律师等专门职业造成的损失；（十一）被保险人或其雇员因从事加工、修理、改进、承揽等工作造成委托人的损失；（十二）停放车辆车内财产的损失或因刮蹭、碰撞、倾覆造成停放车辆的损失；（十三）在中华人民共和国境外（包括港澳台地区）所发生的任何事故所造成的损失；（十四）在保险单列明的区域范围外所发生的任何损失；（十五）本保险合同中载明的免赔额。"

（四）交通领域的责任保险

针对交通领域的大规模侵权行为，各国和地区存在诸多的责任保险类型，如机动车责任保险、航空责任保险、铁路责任保险、轮船责任保险。在此，本书仅选取几个有代表性的责任保险类型进行详细的阐述。

1. 机动车责任保险

近年来，机动车已成为人类生活不可或缺的交通工具。"生活在当今社会的人们在惬意地享受着机动车这一精巧之物给自己的生产和生活带来的便利与利益的同时，也无时无刻不在感受着这个机械怪物对自己进入道路交通时生命财产安全所造成威胁的恐惧。"[1] 机动车交通事故造成的人身伤害和财产损失，碾碎了无数受害人的家庭幸福并动摇社会稳定秩序。为严惩机动车交通事故加害人，立法例上民事责任有严格化之态。"然事故发生时，加害人虽容易对肇事责任负责，但却不一定有资力赔偿受害人的损害，以机动车第三者责任险分散加害人对机动车交通事故受害人之负担即有所必要。"[2]

机动车责任保险，是指以机动车所有人或使用人对交通事故受害人应当承担的损害赔偿责任为标的的责任保险。机动车责任保险是机动车交通事故救济或者补偿制度的重要内容，该险种制度完善与否，直接关系到受害人损害赔偿请求权能否得以实现。根据投保人投保意愿的自由度，责任保险可以分为任意

---

[1] 于敏：《机动车损害赔偿责任与过失相抵》，法律出版社 2006 年版，第 2 页。

[2] 江朝国：《强制汽车责任保险法》，智胜出版有限公司 1999 年版，第 2 页。

责任保险和强制责任保险。为加强保障机动车交通事故受害人的利益救济，多数国家通过立法强制机动车所有人投保机动车责任保险，如我国《机动车交通事故责任强制保险条例》第 3 条规定："本条例所称机动车交通事故责任强制保险，是指由保险公司对被保险机动车发生道路交通事故造成本车人员、被保险人以外的受害人的人身伤亡、财产损失，在责任限额内予以赔偿的强制性责任保险。"

机动车责任保险起源于德国、瑞典、挪威。[1] 观诸不同的法域，因其具体情况的不同，实施机动车强制责任保险的强制程度并不相同，主要有相对强制责任保险和绝对强制责任保险。相对强制责任保险，是指"机动车保有人可以自愿选择投保机动车责任保险，但是，若机动车保有人因使用或者允许他人使用机动车发生交通事故，致人损害或者严重违反交通规则，经法院判决确定机动车保有人应当投保责任保险或者提供财务责任保证金的，机动车保有人有义务投保机动车责任保险或者提供保证金，否则，机动车保险人业已领取的机动车行驶牌照即予以吊销"[2]。美国除马萨诸塞州、纽约州、北卡罗林纳州以外的其他州和加拿大的主要省，实行相对强制保险。绝对强制责任保险，是指机动车所有人在领取机动车行驶牌照前，必须投保法定最低限额的责任保险，在任何情况下均无例外。英国、美国的部分州实行绝对责任强制保险制度，依照该保险制度，机动车所有人在公路上使用或者允许他人使用机动车前，必须投保机动车责任保险，投保机动车责任保险构成在公路上使用机动车和申领行驶牌照的先决条件；机动车所有人违反投保机动车责任保险的规定，将受到刑事处罚。例如，英国 1988 年《道路交通法》第 143 条规定："任何人禁止在公路或其他公共场所使用机动车，除非对其使用机动车行为，有承保第三者风险的有效的保险或担保；任何人不得允许他人在道路或公共场所使用机动车，除非对该他人使用机动车行为，有承保第三者风险的保险或担保，否则构成犯罪。"

对于机动车责任保险，目前我国实行的制度为，机动车所有人或者使用人在领取汽车牌照前必须投保机动车责任保险。就机动车责任保险的投保形式而言，我国实行的制度为绝对强制保险的类型。

---

[1]　王卫耻：《实用保险法》，文笙书局 1981 年版，第 336 页。

[2]　李青武：《机动车责任强制保险制度研究》，法律出版社 2009 年版，第 13 页。

2. 航空责任保险

航空责任保险（aviation liability insurance），是指以航空器（aircraft）的所有人或经营人因航空器造成地面的他人人身或财产损害引起的损害赔偿责任为标的的责任保险。航空责任保险所承保的风险责任，因不同的保险单所约定的保险责任条款或者除外责任条款而不同。[1] 我国实务上的航空责任保险，主要有航空第三人责任保险和航空旅客责任险。

所谓航空第三人责任保险，通常是指被保险人的航空器在运营过程中造成第三人的人身伤亡或财产损害，由保险公司承担航空器经营人或所有人依法应负的赔偿责任的保险。该种责任保险承保的是被保险人对第三人的损害赔偿责任而不是对乘客的责任，包括航空器的空中相撞；从飞行中的航空器上坠落的物体如燃料、化学物品；航空器发出的噪音；以及航空器在地面上发生的事故，如螺旋桨击打、飞机滑行事、喷流、燃油渗漏、载运货物发生外溢、泄漏或活体动物逃逸致人损害或伤亡等。[2] 但是，保险人对被保险人因为下列原因引起的责任，不承担保险责任：①飞机不符合适航条件而飞行；②被保险人的故意行为；③因战争、武装行动、劫持等暴力原因造成的损失；④被保险人及其支付工资的机上和机场工作人员的人身伤亡或财产损失。对于航空公司或较大的航空器经营人而言，他们通常不会单独投保此险种，而是选择投保综合险，其中包括第三人责任保险部分。但是，近年来，保险公司开始提供了各种单独的航空第三人责任保险单。根据第三人责任保险单的要求，被保险人因其被保险的航空器坠毁或者从其上坠落的人或物造成的第三人损害，被保险人因依法应赔偿第三人的损失或损害而遭受损失时，保险人有义务对被保险人的这种损失进行补偿。即使被保险人被免除了对第三人的赔偿责任，保险人也要对被保险人的这种赔偿责任进行补偿。在任何情况下，大多数保单都禁止被保险人在没有经过保险人同意的条件下对赔偿责任或给付进行承诺。[3]

航空旅客责任险是指以航空承运人对旅客的损害赔偿责任为保险标的的一种保险类型，即当航空旅客乘坐或上下被保险人的航空器的过程中因发生意外

---

[1] *American Jurisprudence*, vol.43, Insurance, 2nd ed., Lawyers Cooperative Pub.Co.,p.781.

[2] Rod D. Margo, *Aviation Insurance: the Law and Practice of Aviation Insurance including Hovercraft and Spacecraft Insurance*, Butterworths, 2000, p.251.

[3] 郝秀辉、刘海安、杨万柳：《航空保险法》，法律出版社2011年版，第170页。

事故造成旅客人身伤亡时，被保险人依法应负赔偿责任而产生的损失，由保险人依约进行补偿。由此可知，航空旅客责任险的被保险人是航空承运人，保险责任范围为：被保险人承运人的旅客在乘坐或上下飞机时发生意外，造成旅客人身伤亡等。在航空运输活动中，因主客观原因有可能会发生航空事故，从而可能会造成航空旅客的人身伤害或死亡，航空承运人依法应对旅客承担损害赔偿责任，而航空承运人为此支付赔偿款造成的损失风险一般通过投保的方式转嫁给保险人负担。航空旅客责任险的保险人对航空承运人的损失补偿金额以航空承运人对被害旅客支付的赔偿责任金额为依据，但最高不超过保险单上载明的最高补偿限额，该最高补偿限额包括对每名旅客的伤亡以及每次事故伤亡总额两方面的限制。

第四节　大规模侵权责任保险价值之多维解析

荀子在《君道篇第十二》中曾言："不知法之义而正法之数，虽博每临事必乱。"这句话的意思是说，要想理解法律，必须明白法律的立法目的和价值，否则懂得再多也遇事必乱。价值的确定为具体法律规则的制度奠定基调。首先确定价值取向，然后再制定具体的规则，方能保证适用效果与期待相一致。就大规模侵权责任保险制度而言，它的价值主要体现在以下几个方面：

一、以优先保护被保险人利益为取向

在责任保险中，究竟是优先保护被保险人的利益还是受害人的利益？学者间观点分歧，莫衷一是。有学者主张："责任保险是一种通过防范因风险规避趋性所生的负效用来保护可能承担侵权责任的致害人之机制，其主要功能并非在于确保受害人获得赔偿。"[1] 也有学者主张："责任保险之设计，已自原来保障要保人法律责任下之损失，而走向直接保障社会受害人立场。"[2] 究竟如何选择，不无争议。

---

[1]　[德] 格哈德·瓦格纳：《比较法视野下的侵权法与责任保险》，魏磊杰、王之洲、朱淼译，中国法制出版社 2012 年版，第 343 页。

[2]　王卫耻：《实用保险法》，文笙书局 1981 年版，第 321 页。

本书认为，责任保险应优先保护被保险人利益。理由如下：首先，与其他保险相同，责任保险也是由保险人和被保险人双方签订的保险合同，受害第三人只是合同之外的第三人，因此，责任保险是保护被保险人免受某一偶发事件的影响。这一偶发事件即被保险人将来可能面对的损害赔偿责任，被保险人缔结责任保险契约，就是期望能从负担的赔偿责任中脱免，保障自身的经济活动安全。其次，认为责任保险应优先保护受害第三人利益的立场，表明他未能准确识别强制责任保险和商业责任保险立法目的之区别。有学者强调："任意责任保险是以加害人的利益为中心的保险，因此保护被害人的作用就显得非常薄弱，在某种程度上甚至会与被害人的利益相悖。与此相反，义务责任保险是以被害人的利益为中心而构成的，在此保险中，保险人、加害人、被害人这三者之间几乎不存在相互对立的关系。在此意义上，两者虽然都称为责任保险，但实际上存在相当大的差异。因此，完全无视这两种差异的存在来讨论责任保险的一般问题，不能说是一种正确的态度。"[1] 由此而知，在一般责任保险中，责任保险应给予被保险人利益优先考虑。

责任保险对被保险人的保护功能主要表现在两个方面：一是责任保险有助于消除被保险人承担的经济上的损失危险，保障财务安全；二是可以使被保险人免受因必须抗辩受害人提出的各种形式的索赔而不得不承受的紧张（strain）、不便（inconvenience）和劳顿（harassment）。[2] 具体到大规模侵权责任保险中，保护被保险人的作用也主要体现在这两个方面，下文分述之。

（一）分散责任风险，保障财务安全

民事责任制度要求加害人承担填补受害人损失的赔偿责任。在社会经济、政治、文化急剧变化的时代，民事责任制度也在发生着急剧的变化。特别是在侵权责任领域，无过错责任有日益扩大其范围的趋势，过错推定责任具有了比以往更有意义的普及，损害赔偿的程度有了大幅度的提高，实现损害赔偿社会化以保障受害人利益的呼声日渐高涨，必须寻求妥当的途径迎合侵权责任制度所发生的历史性变化。再者，民事责任以其发生原因可以类型化为违

---

[1]　[日] 西岛梅治：《保险责任法の研究》，同文馆1968年版，第25页，转引自岳卫：《日本保险契约复数请求权调整理论研究》，法律出版社2009年版，第156页。

[2]　Jay F. Christ, *Fundamental Business Law*, American Technology Society, 1944, p.276.

约责任和侵权责任，但生产的高度社会化、专业化的发展，在诸多的领域使得违约责任和侵权责任的界限发生重合，以致在相当程度上不得不利用责任竞合（concurrent liabilities）来保护受害人的利益；当可以选择利用更有利于受害人的侵权责任制度或者违约责任制度时，加害人承担民事责任的可能性迅速膨胀，对其民事责任承担的估计出现难以预料的局面，促使加害人不得不寻找可以转化其民事赔偿责任的方式或途径。以分散危险和消化损失为目的的保险制度，能够满足民事责任制度急剧变化而出现的分散责任的社会需求。

大规模侵权责任保险制度的设计，是为保护被保险人免于因依法负有损害赔偿责任，致其经济上地位遭受变动的危险。详言之，被保险人可能因为日常生活或职业、营业活动，造成他人损害而需负担损害赔偿责任。与直接损失相比，责任风险更为严重，因为直接损失不可能超过财产本身的价值，但责任保险实际上是没有限额的。"法庭对责任的判决有可能要求个人变卖其所积累的财产，并且对个人的未来收入造成严重的损害。"[1] 大规模侵权责任保险的风险吸纳能力，可以避免侵权责任给被保险人带来的毁灭性后果。因此，被保险人可以选择订立大规模侵权责任保险契约，消除或降低因赔偿责任对自己经济生活的影响。大规模侵权责任保险具有分散责任的功效，将集中于一个人或一个企业的致人损害的大规模侵权责任分散于社会大众，做到损害赔偿社会化，实际上增强了加害人赔偿损害的能力，可以有效避免受害人不能获得实际赔偿的民事责任制度上的"尴尬"。大规模侵权责任保险的这一功能，与该责任保险合同是否基于自由意愿（任意保险）或基于法律规定（强制保险）而订立无关，只要是大规模侵权责任保险，均具有帮助被保险人分散责任的功能。因为被保险人的损害赔偿责任由大规模侵权责任保险加以分散，被保险人无须自掏腰包赔偿受害人之损失，所以，资产未受影响或影响较少，保障了其财务安全。

（二）避免诉讼，保障心境安宁

大规模侵权责任保险的保险人虽然替被保险人承担损害赔偿义务，但被保险人对受害第三人的损失赔偿责任及金额，往往仍须要透过被保险人与受害第三人的和解、仲裁或诉讼等过程才能确定。而大规模侵权责任保险的利用，

---

[1]　[美]所罗门·许布纳、小肯尼思·布莱克、伯纳德·韦布：《财产和责任保险》，陈欣等译，中国人民大学出版社2002年版，第367页。

使致人损害而负有责任的被保险人享受到了第三人索赔的诉讼程序上的诸多便利。

（1）在大规模侵权责任保险中，保险人是被保险人赔偿责任的终局承担者，因此，他们对被保险人承担的损害赔偿责任不会漠不关心。如果有受害第三人对被保险人提出索赔，保险人依照大规模侵权责任保险单约定的抗辩与和解的控制条款，必将积极参加对受害第三人索赔的抗辩，可以使得被保险人免受索赔之劳苦。保险人参与第三人对被保险人的索赔诉讼，并相应承担了索赔抗辩的诉讼费用。

（2）现代责任保险的发展，已经将抗辩受害第三人索赔的责任交给了保险人，而使其负有为被保险人的利益进行索赔抗辩的义务。受害人提出的索赔若有一项属于保险责任范围，保险人必须承担抗辩义务。[1] 在此体制下，被保险人在抗辩受害第三人索赔方面，享受到了免受诉讼拖累的利益。而且，愈来愈多的立法对受害第三人直接起诉责任保险人的权利予以充分肯定，例如机动车强制责任保险的第三人对保险人的直接请求权，这又使得致人损害而负有责任的被保险人几乎置身于索赔诉讼之外。

二、体现出保护受害人利益之功效

尽管大规模侵权责任保险的主要价值在于保护被保险人利益方面，但是它同时可以保护受害人利益，这也是大规模侵权责任保险不容忽视的价值取向。

在现代侵权法归责原则下，尤其是适用无过失责任时，加害人特别容易被判处承担损害赔偿责任，对受害人来说，这无疑是一种保护。但现实情形可能并非如此，面对受害人的损失，侵权企业可能并无资力进行赔偿，甚至面临破产，最终受害人的利益并未得到救济。如三鹿毒奶粉事件发生后，在短短四个月后，三鹿集团就被宣告破产，而众多受害家庭却因此支离破碎，陷入困境。假如大规模侵权责任保险存在，就企业而言，它不会因为巨额责任负担而陷入破产危机；就受害人而言，他会因被保险人赔偿能力的增强而迅速获得救济。诚如学者所言："责任保险并不仅仅是一项保护被保险人的附属工具，而是赔偿给付

---

[1]　Marc A. Franklin, *Injuries and Remedies: Cases and Materials on Tort Law and Alternatives*, The Foundation Press, 1979, p.740.

的首要媒介。"[1] 在英国，也有专家指出："侵权损害赔偿数额中有 94% 是由保险人实际支付的。"[2] 因此，大规模侵权责任保险的存在，也应体现受害人利益保护之功效。

三、以社会利益为最终追求目标

无论是保护被保险人利益，还是保护受害人利益，大规模侵权责任保险的最终价值追求还是以社会利益为落脚点，它存在的主要意义在于化解矛盾纠纷，维护社会稳定。大规模侵权责任保险最终价值追求目标，可以从下面两个方面来理解。

（一）降低社会成本，分担政府责任

现实中，就责任事故的赔偿问题，受害人往往要同责任方进行长期的协商。如果协商不成，那么，纠纷就会进入法律程序，对此受害人需要收集证据、承担诉讼费和律师费等，这些活动不仅耗时耗力，而且耗费钱财。有时为了解决一个责任事故纠纷，个人、集体、政府均会卷入其中，社会成本会猛增。如近年来频繁发生的重特大煤矿事故、公众场合的火灾事故、重大食品中毒事故，受害者及其家属长期被卷入责任事故的赔偿纠纷之中，假设在没有大规模侵权责任保险的情形下，企业或个人可能无法完全负担对受害人的损害赔偿责任，政府往往成为最后买单的"冤大头"和"救世主"，出现"政府买单，企业发财"的现象，政府买单所需要的钱财又最终被全体纳税人承担，社会成本急剧增加。但是，如果通过大规模侵权责任保险手段解决责任赔偿等方面的法律纠纷，不仅可以使政府部门从纷繁复杂的事故处理工作中得以解脱，大大减轻政府部门的压力，而且能达到降低社会诉讼成本的作用，提高解决纠纷的效率。例如，有了医疗责任保险，一旦发生医疗事故，患者可以直接从保险公司获得赔偿，这不但减轻了医院和医生的负担，同时更为有效地保护了患者的利益；有了雇主责任保险，则可以有效协调雇主和雇员之间的利益关系，化解劳资纠

---

[1]　［德］格哈德·瓦格纳：《比较法视野下的侵权法与责任保险》，魏磊杰、王之洲、朱淼译，中国法制出版社 2012 年版，第 55 页。

[2]　［德］格哈德·瓦格纳：《比较法视野下的侵权法与责任保险》，魏磊杰、王之洲、朱淼译，中国法制出版社 2012 年版，第 56 页。

纷。正如学者所言："原告悲剧的最好解决方式是通过被告的保险来达到分散损害的效果，由此把损失从受到严重影响的一个人转到一个团体，该团体可以以更少的成本消化损失。这个解决方案同时是目的和手段。目的是在人们中间超时地分散损失，理由是大数量的小剥夺比较一个单一大的损失来说更容易被承受。手段是通过保险安排来疏通责任，因此，分散伤害成本的团体是被保险人团体，他们为那种损失投了保险。"[1]

（二）促进社会和谐文明发展

大规模侵权责任事故发生，对个人而言，生命或财产会遭受损失；对企业而言，生产会中断，最终因经济赔偿问题达不到一致而产生纠纷并影响社会安定，其结果必然是造成个人、家庭、企业、政府、社会之间的不和谐。在大规模侵权发生后，由于损害覆盖区域大、涉及面广，企业往往面临巨额赔偿，此时，如果侵权损害救济不当，那么，不仅企业会面临破产、整个行业品牌会遭受打击，而且地方经济的稳步发展也会受到阻碍，更为甚者，此种损害可能成为影响整个社会稳定和诱发社会问题的导火线。比如，"三鹿奶粉"事件，在此事件发生之后，三鹿集团宣布破产，"蒙牛"、"光明"、"雅士利"等22个奶制品品牌受到打击，中国的整个奶粉市场前景受到冲击，同时，民众的心理恐慌愈加强烈，谈"粉"色变，严重影响到社会的稳定。大规模侵权责任保险的引入，能够让个人、企业、保险公司等共同编织一张大规模侵权责任事故的安全"保险网"，整个社会的抗风险能力增强，纠纷顺利化解，社会理所当然就会更加安定和谐与文明。众所周知，各种大规模侵权责任事故大多是极易导致社会纠纷和影响社会安定的事件，其中的焦点问题又往往是经济赔偿问题，如果责任者参加了大规模侵权责任保险，由保险公司协助处理并提供经济保证，不仅可以保障被保险人免受因承担损害赔偿责任所遭遇的利益丧失或者损害，实现对被保险人自身损害的弥补，而且可以保护直接的受害人，使受害人获得及时的经济赔偿。大规模侵权责任保险既然能够在一定程度上保障致害人和受害人的利益，就易使加害人与受害人之间的矛盾得到一定程度的缓解，就会减少社会纠纷，促进社会安定。此外，保险人承保大规模侵权责任保险又通常以

---

[1] [加拿大]欧内斯特·J·温里布：《私法的理念》，徐爱国译，北京大学出版社2007年版，第38页。

被保险人的安全管理、质量管理等符合优良条件为前提，并会通过平时的风险检查及其他相关条款来督促被保险人，从而在客观上能够减少并防范许多大规模侵权责任事故的发生，保障生产经营的稳定性。因此，大规模侵权责任保险能够促使社会更加和谐与文明。

综上所述，责任保险优先保护被保险人利益的趋向，表现在帮助被保险人分散责任风险和抗辩索赔两方面；间接保护受害人利益方面，主要是通过大规模侵权责任保险被保险人赔偿给付的首要媒介来得以体现的；最重要的是，大规模侵权责任保险应以社会利益为最终的价值追求，通过负担政府压力，减少社会成本，促进社会和谐稳定发展。

第二章　大规模侵权责任保险之质疑及正当性分析

第一节　大规模侵权责任保险之质疑与回应

在大规模侵权责任保险产生之初，人们认为它是不可思议的，甚至是不道德的、邪恶的。可以说，大规模侵权责任保险的发展绝非一帆风顺，而是历经曲折，遭受人们的误解和舆论的责难。民众认为开办大规模侵权责任保险会助长道德危险，且与法律要求的"公平正义原则"不相符合；大规模侵权责任保险使个人或企业承担责任的意识淡薄，有助于犯罪行为和危险公共利益行为的产生。[1]

一、大规模侵权责任保险与道德风险

道德风险这一经济学术语是保险经济学的核心所在，它源起于海上保险，是保险市场中一种众所周知的现象，但是要给它下一个精确的定义似乎很困难。一位在海上保险方面很杰出的英国作家魏克道·多弗写道："人们经常说物质风险可以以费率衡量，而对道德风险承保人应该拒绝承保。要精确地定义道德风险有点儿困难，它可被看作保险本身的一种要素，或者和被保险人利益相关，

---

[1]　尹田：《中国保险市场的法律调控》，社会科学文献出版社 2000 年版，第 394 页。

或者和外部条件相关。它使意外事故的发生成为被保险人谋利的手段。"[1] 我国台湾地区著名保险法学者桂裕教授对道德风险进行了精辟的解说，他认为，道德风险是指因保险而引起之"幸灾乐祸"的心理，即有保险契约上之利益者或被保险者，在其内心深处所潜伏期望危险发生或扩大之私愿。此种心理酝酿日久，往往会发生作用，故道德风险虽名为道德，其实必为不道德，与道德上义务之本于道德者，截然二事。[2] 有学者认为，大规模侵权责任保险的存在，可能会引发道德风险，导致企业或个人放松警惕，在工作中出现疏忽和懈怠，并抱有侥幸或过分依赖保险的心理，以致增加保险事故发生的概率或者扩大损失的程度，因此，拒绝引进大规模侵权责任保险。

此外，由于大规模侵权责任保险代替被保险人承担赔偿责任，诱发道德风险，因此可能有违反社会公共道德之嫌疑。所谓公共道德，是旨在维护公共秩序的道德规范。公共道德源于人的社会属性，人们生存与发展离不开社会交往和公共活动。为了使社会交往和公共活动有秩序的进行，必须建构相应的公共道德准则。这往往表现为法律上的义务和责任，这反映了社会公众的共同利益和社会生活的正常要求，必须得到充分的尊重和坚决的维护。因此，对于有违社会道德的行为应受到法律之制裁，克以必要的责任。正因为如此，有人认为，如果人们在社会交往和活动中只要花一点点费用（保险费），其违反公德的行为就有人为其买单，则似乎是对社会公共道德准则的亵渎，公共道德也有可能因此而失落。而公共道德的失落又会导致社会凝聚力的涣散，市场效率降低、风险增大的现象发生。[3] 按此逻辑，如果加害人将其侵权行为的后果通过预先支付保险费的方式转嫁给保险公司，就逃避了法律上的责任；而保险公司约定给予加害人利益的责任保险合同，即属于违反公共道德（公序良俗）的合同，因而应为无效。

上述担忧的存在可能会置大规模侵权责任保险于两难之处。因为暴露于风险之中而遭受负效用，正是促使被保险人保持谨慎注意的动机所在。如果因保险人对大规模侵权责任风险完全承保而使得被保险人根本无须担心任何风险，则被保险人就必然会失去保持谨慎注意的动机，而这种动机正是源于其要在发

[1] [挪威]卡尔·H·博尔奇：《保险经济学》，商务印书馆1999年版，第439页。
[2] 桂裕：《保险法》，三民书局1984年版，第11页。
[3] 许飞琼：《责任保险》，中国金融出版社2007年版，第38页。

生意外事故时承担损害赔偿责任的威慑效果。然而，正如马克·波利指出的那样："致害人的这种行为变化并非缺乏道德，而恰恰是完全理性的，因为他无非是对其行为的成本变化做出了反应。"[1]

事实上，在保险市场中，道德风险是普遍存在的。获 2001 年度诺贝尔经济学奖的斯蒂格里茨在研究保险市场时，发现了一个经典的例子：美国一所大学学生自行车被盗比率约为 10%，几个有经营头脑的学生创设了一个专门针对自行车的保险，保费为保险标的的 15%。按常理，这几个有经营头脑的学生应获得 5% 左右的利润。但该保险运作一段时间后，这几个学生发现自行车被盗比率迅速提高到 15% 以上。何以如此？这是因为自行车投保后学生们对自行车采取的安全防范措施明显减少。在这个例子中，投保的学生由于不完全承担自行车被盗的风险后果，因而采取了对自行车安全防范的不作为行为。而这种不作为行为，就是道德风险。[2] 既然道德风险在保险市场中普遍现在，又何必严厉苛责大规模侵权责任保险呢？面对被保险人可能发生的道德风险，对于保险人而言，如何让被保险人保持如同没有购买保险时相同水平的行为方式就成为了问题，这也是对道德风险进行最佳控制的目标所在。而且在保险实务中，保险公司出于商业利益的考虑，我们有理由相信他们会有足够的动力绞尽脑汁地防范道德风险。究诸保险实务，保险公司会运用多种相关制度和技术手段来防范道德风险的发生。

对道德风险进行控制的方法主要有两种：第一种是控制被保险人行为并相应调整保费水平；第二种是将被保险人部分地暴露于风险之中。排在首位的最优方案是对被保险人的精细控制。[3] 在这种情况下，承保条件将会完全结合被保险人的行为而设计，而保费则会反映被保险人保持注意义务的履行程度。如果一切皆处于完美状态，这应当会促使被保险人保持其在不享有保险情况下的相同行为模式，而保费水平则会反映意外事故的实际风险程度。当然，这种最优方案只是在保险公司的监控成本并不高且被保险人的信息是唾手可得的理性

---

[1] M. Pauly, *The Economics of Moral Hazard: Comment*, American Economics Review, 1968, pp.531-545.

[2] 孙宏涛：《董事责任保险合同研究》，中国法制出版社 2011 年版，第 45 页。

[3] M. Spence, R. Zeckhauser, *Insurance, Information and Individual Action*, American Economics Review, 1971, pp.380-391.

世界中才会可能。而在现实世界中，这当然不会成真。但是，的确存在一些控制被保险人的方法，也完全可能针对不同种类的风险设计不同的承保条件。它可以使针对特定的高风险人群收取较高额保费的事先防范机制，也可以使基于之前的损害发生历史在事后对保费进行增加或调整承保条件。次优的方案是让被保险人在一定程度上面对风险。这一做法仅能成为次优方案的原因在于，从理想化角度而言，保险本应以让风险远离被保险人为目标。将被保险人一定程度地暴露于风险之中，意味着风险规避趋性依然会在一定程度上发挥作用。而这将促使已经获得保险的被保险人仍然保险谨慎注意。此时当事人所面对的可能是损失程度较低的风险，也可能是损失程度较高的风险。在保险实务中，的确存在这样的一种机制：要么设置一定的免赔额；要么设置保险金额上限，使被保险人在损失超过保险金额的情况下自行承担超出部分的损失。

（1）限额责任条款。所谓限额责任，也称最高责任限额，包括单次事故赔偿限额和保险期间内累计赔偿限额，对于超过约定的限额部分，保险公司不予赔偿，由被保险人自行承担。

（2）免赔额条款。所谓免赔额，也称扣除额，是指保险人只对被保险人对第三人的赔偿责任中的超过一定数额的部分负有给付保险赔偿金的义务，而对该数额以下的赔偿责任由被保险人自行承担。例如，在大规模侵权责任保单中规定免赔额为 10 万元，则发生 10 万元以内的责任，由被保险人自己承担；超过 10 万，保险公司承担超过的部分。免赔额条款和限额条款往往同时使用。国外学者研究显示：免赔额条款对于产品责任保险和律师、会计师、公司董事等责任保险是普遍使用的条款。[1]通过免赔额的规定，可以促使被保险人谨慎管理和运用自己投保的财产，在一定程度上防范道德危险的发生。

（3）比例责任条款。所谓比例责任，也称共同保险或共同支付保险，是指当被保险人对第三人的赔偿责任发生后，保险人只按责任金额的一定比例给付保险金，而剩余部分由被保险人自行承担。即规定保险公司承担责任的比例，比例之外的部分则被保险人自保，也就是将保险人和被保险人的利益捆绑在一起，如果发生保险事故，双方都有损失。上述三种条款的目的相同，就是通过

---

[1]　Patricia Danzon, *Liability and Liability Insurance for Medical Malpractice*, Journal Health Economics, 1985,pp.309-331.

让被保险人自行承担一部分损失，暴露在一定的风险中，促使其保持适当的谨慎，以消除或降低被保险人的道德风险。

（4）浮动费率。也称经验费率，保险人共同体信息共享或者利用公共信息，以判断被保险人以往的事故水平，并以此作为新保单中保险费率的基础。在通常情况下，保险人在接受投保的时候，会询问参加保险的企业或个人有无索赔记录，对于那些曾经被提起索赔诉讼的企业或个人，保险人可以适当提高保险费率。企业或个人被提起的索赔诉讼的次数越多、数额越大，其所购买的大规模侵权责任保险的保险费率也就越高，以此来"奖优罚劣"。

（5）回溯性费率。即在保单终止时根据保险期间内被保险人的事故情况再最终确定适用该被保险人的保险费率标准，将缴纳保险费与实际保险事故的情况挂钩，效果类似比例责任条款，上述两种机制的目的在于将赔偿责任大小与被保险人的当期或将来的成本（保险费）联系起来，以防范道德风险。

（6）免责条款。保险人在大规模侵权责任保险中规定若干免赔事由，以抗辩索赔。例如，侵权损害行为是被保险人故意所为，则通常构成保险公司抗辩的理由，加害人难以获得保险赔偿。

（7）保证条款。保险公司将所需排除承保责任范围或者假定一定存在或不存在的情况约定为保证条款，被保险人一旦违反，即成为保险公司的绝对抗辩理由。

（8）追偿权制度。在某些强制责任保险第三人优先获得赔偿的情况下，保险人依法或者依照合同约定也会享有对被保险人的追偿权，在赔偿受害人后向加害人追偿。

（9）监控条款。必须时，保险人可在保险合同中规定有权对被保险人的业务活动进行必要的直接监控，该条款主要运用在产品责任保险、环境污染责任保险、公众责任保险等领域。

（10）理性拒保。保险公司是以营利为目的的商人，对于哪些责任可以列入承保范围，他们肯定会进行较为科学的考量和筛选，难以用概率计算、难以控制的危险一般不会成为保险人的承保危险。换言之，并非所有的侵权责任风险都可以通过责任保险来进行分散。

上述诸多措施和条款都是在保险实践中保险人经常会用到的控制道德风险

的措施，而且保险公司经常会组合运用上述多种措施共同控制道德风险。常见的是，在承保条件中进行一定程度的风险区别，并对承保义务设置一定的免赔额以及保险金额上限。当然，具体采用的方法要取决于信息成本，同时也受到保单价值的影响。[1] 保险人很明显更乐于投入相应资源为"一家支付大笔保费的大型公司设计一份完美匹配的保单"，而不会为普通的消费者风险如此作为。[2]

如果可以通过上述方法最佳地控制道德风险，被保险人的行为就会与其在没有获得保险时一样，由此带来的收益是：风险的负效用就会远离他。在这种情况下，保持谨慎注意的动机就不再源于侵权责任法，因为对受害人进行损害赔偿的威胁已经转移给了保险公司。而在保险的情况下，促使被保险人保持谨慎注意则是通过将承保条件与被保险人个体行为进行恰当的关联而得以实现。这也解释了为何大规模侵权责任保险具有极其重要的社会功能。在大规模侵权责任保险机制下，保险人必须确保被保险人维持符合效率的谨慎注意以避免意外事故的发生。这就表明，对于道德风险的恰当控制并不仅仅是保险人自身的利益所在，也是社会的利益所在。如果对于道德风险缺乏有效控制，保险就会从整体上弊大于利。总之，如果道德风险能够在保险中获得最佳控制，那么是否购有大规模侵权责任保险就不应当对行为人施加的谨慎注意程度的高低产生影响。如果这种影响的确存在，那就意味着道德风险未能获得最佳控制。

二、大规模侵权责任保险对民事责任功能之冲击

（一）大规模侵权责任保险的存在纵容甚至鼓励犯罪行为

反对大规模侵权责任保险的意见认为，大规模责任保险通过分摊机制使得被保险人仅需要花费一点儿保险费就能实现法律责任风险的社会化，也就是意味着其实施某些被"保险"的侵权行为而无须对之承担不利益的法律后果，这必然会降低违反犯罪的成本，减弱必要的注意义务，纵容人们违法犯罪，因此是反社会的。这些担心在今天也仍然存在，如果对行为人应该承担的惩罚可以

---

[1]　J. Marshall，*Moral Hazard*，American Economics Review，1976，pp.880-890.

[2]　[德] 格哈德·瓦格纳：《比较法视野下的侵权法与责任保险》，魏磊杰、王之洲、朱淼译，中国法制出版社 2012 年版，第 341 页。

通过保险来化解，行为人就可以漠视法律的存在，使他们不再害怕法律，尤其是对于一些间接故意或者故意致害的死伤现象进行保险，这其实就是在鼓励社会上准备犯罪的人去犯罪，犯罪现象将会大量增加。如果为生产假冒伪劣食品的企业提供大规模侵权责任保险，企业会在生产过程中更加不负责任和草率、鲁莽行事，致使危险增加。

（二）大规模侵权责任保险削弱民事责任的惩罚和遏止功能

传统侵权法重视个人责任，追求"损失转移"，在此基础上实现侵权法的价值与功能。侵权行为法主要功能之一即在于对不法行为的"吓阻"及对行为人的"报应"，要求侵权行为人为损害赔偿是对侵权行为人的处罚。美国当代著名法学家哈罗德·J·伯尔曼认为："法律必须被信仰，否则它将形同虚设。"[1]而大规模侵权责任保险的存在却使损害赔偿责任由保险公司转嫁给社会，实际侵权行为人并未承担责任。此种损害赔偿责任之社会化从根本上动摇了罗马法"谁侵权谁承担责任"的古训，违背侵权法的公平目的，也与惩罚功能不符，因为"'惩罚'的中心理念是人们须为其不轨行为'付出代价'"[2]。此外，侵权法作为抑制侵权行为的有效措施，而大规模侵权责任保险从损害赔偿责任之枷锁中解放出加害人，在某种程度上挫败了侵权法的抑制功能。正如英国学者霍斯顿和钱伯斯所认为的那样，大规模侵权责任保险削弱了通过使侵权行为根据损害赔偿判决而承担的责任，遏制其他人犯类似侵权过错的目的。[3]甚至有人认为责任保险的进一步发展最终会导致民事责任制度的消失，大规模侵权责任保险将代替民事责任，特别是侵权行为关系领域的民事责任。[4]

三、大规模侵权责任保险合法性质疑之回应

对于大规模侵权责任保险的争议和忧虑，实际是对大规模侵权责任保险的不信任。对任何事物的分析，均应当一分为二，不能仅看到事物的一个方面。特别是，任何法律制度的设计，不可能具有十全十美的功能，均会存在制度上

---

[1]　[美]伯尔曼：《法律与宗教》，生活·读书·新知三联书店1991年版，第28页。

[2]　[美]迈克尔·D·贝勒斯：《法律的原则——一个规范的分析》，中国大百科全书出版社1995年版，第172页。

[3]　樊启荣：《责任保险与索赔理赔》，人民法院出版社2002年版，第30页。

[4]　樊启荣：《责任保险与索赔理赔》，人民法院出版社2002年版，第30页。

的缺陷，甚至有些缺陷，是任何法律制度均无法避免的。例如，现行的任何法律制度，都不可能彻底遏制不法行为的发生。随着现代工业的迅猛发展，各种大规模侵权赔偿责任事故层出不穷，人们逐渐认识到大规模侵权责任保险作为保证赔偿责任得以兑现的经济措施，既有利于补偿受害人的损失，提高被保险人承担赔偿责任的能力，也有利于生产和生活的稳定和社会生活的安定，有关大规模侵权责任保险的争议才销声匿迹。

事实上，对大规模侵权责任保险合法性的质疑是站不住脚的，[1] 因为：

（1）大规模侵权责任保险对被保险人故意行为造成的损害概不负责，这就基本上否定了"鼓励犯罪行为"的观点。保险人在经营大规模侵权责任保险业务时，就明确强调大规模侵权责任事故的发生必须具有意外性，保险人只不过是充当把人们在生产、经营、工作或日常生活中难以完全避免的意外事故所引起的经济赔偿责任分摊给全社会来承担的组织者，受害人得到的经济赔偿实质上是由全体可能成为致害人的被保险人负担的。

（2）保险人只承担被保险人的民事赔偿责任，如果被保险人的行为同时构成了刑事上犯罪，他应负刑事责任，不可能因有了大规模侵权责任保险而得到减免。从法律观点看，民事赔偿和刑事责任是不能相互替代的。所以，大规模侵权责任保险并未削弱侵权责任对违法行为的惩戒作用。

（3）被保险人因为投保大规模侵权责任保险而故意降低其注意程度，以致造成损害的事故，实际并不常见。在现实生活中，基本的生活准则以及其他约束人们行为的各种机制，促使人们在行为时应当有所注意，有意降低注意程度而造成他人损害，不仅会受到来自伦理道德的评价，而且会受到相应的法律制裁。此外，任何一个理智健全的被保险人从自身声誉出发，也是不愿发生事故的。尽管被保险人在事故发生后可以由保险人代替其进行赔偿，但其社会信誉和可能的营业中断是保险人无法负责的。因此，大规模侵权责任保险不会损害公共道德的建设。

（4）大规模侵权责任保险不仅可以保障被保险人免受因承担损害赔偿责任所造成的经济上的不利益，实现被保险人自身损害之填补；更重要的，因为大规模侵权责任保险的存在，提供了被保险人给付损害赔偿的资金来源，使因

---

[1]　郑功成：《责任保险理论与经营事务》，中国金融出版社 1991 年版，第 7—8 页。

被保险人的不法行为遭受损害的被保险人获得赔偿。因此，在一定程度上，大规模侵权责任保险保障了被保险人和受害第三人的利益，同时具有特殊安定社会的功能。如前所述，民事责任制度对加害人（被保险人）的行为应有惩戒和遏止等作用，但该作用应当建立在受害人获得充分补偿之上。若加害人没有足够的资力或其他客观手段赔偿被害人的损害，民事责任制度的功能也将失去意义。简言之，填补受害人的损害为实现民事责任制度目的的重要内涵。因此，凡是能够提升民事责任填补损害功能的制度，均应当得到充分的肯定。而责任保险使加害人具备了较佳的分散损害能力，有助于实现民事责任制度的目的，应当受到肯定。

综上，大规模侵权责任保险产生之初，因它代替被保险人承担赔偿责任，合法性遭受到严重的诘问和质疑。随着人们对大规模侵权责任保险的深入认识，大规模侵权责任保险制度始得以承认，并已发展成为人类管理大规模侵权责任风险必不可少的重要制度。

第二节　法哲学基础：大规模侵权责任保险之合法性

一、法的价值与正义

责任保险作为一项法律制度，其正当性问题是一个价值层面的探讨。庞德指出：价值问题虽然是一个困难的问题，但它是法律科学所不能回避的。具体而言，法的价值主要是正义和效率，其中正义是始终与法或者制度相伴随的基本价值，是衡量法或者制度好坏的标准。一个和谐的社会，必定是一个正义的社会，社会正义是和谐社会的必要条件。美国的罗尔斯认为："正义，是社会制度的首要价值，正像真理是思想体系的首要价值一样，一种理论，无论多么精致而简洁，只要不真实，就必须加以拒绝或修正；同样，法律和制度，不管他们如何有效率和条理，只要他们不正义，就必须加以改造或废除。"[1] 可是，到底什么是正义，却是一个仁者见仁、智者见智的问题。美国著名法理学家博

---

[1]　[美]约翰·罗尔斯：《正义论》，何怀宏、何包钢、廖申白译，中国社会科学出版社1988年版，第1—2页。

登海默曾说："正义有着一张普洛透斯的脸（a protean face），变幻无常、随时可呈不同形状并具有极不相同的面貌。当我们仔细查看这张脸并试图解开隐藏其背后的秘密时，我们往往会深感迷惑。"[1]

在思想史上，对正义有多种分类方法，如从经济、政治、道德、法律等角度分类，正如美国法学者庞德所言："在伦理上，我们可以把正义看成是一种个人美德或是人类需要或者要求的一种合理、公平的满足。在经济和政治上，我们可以把社会正义说成是一种与社会理想相符合、足以保证人们的利益与愿望的制度。在法学上，我们所讲的执行正义（执行法律）是指在政治上有组织的社会中，通过这一社会的法院来调整人与人之间关系及安排人们的行为。现代法哲学也一直把它解释为人与人之间的理想关系。"[2]

另一种划分法是古希腊思想家亚里士多德提出的矫正正义和分配正义。按照亚里士多德的学说，正义意味着某种平等，而这种"平等"的正义可以被分成两类：矫正正义和分配正义。矫正正义，即对任何人都平等对待，仅计算双方利益与损害的平等。这类正义既适用于双方权利、义务的自愿的平等交换关系，也适用于法官对民事、刑事案件的审理，如损害与赔偿的平等，罪过与惩罚的平等。而分配正义，是指分配者依据对象的特定差异性，而给予不同待遇。换言之，法律依据人之特定差异性，而为不同的规制。用一句简单的话来表述：不同者，给予不同待遇；相同者，给予相同待遇。[3]分配正义着眼于人之差异性而为规制。那么，何谓差异性？每个人所拥有的特质中，有些是与他人相同的，有些则是与他人相异。若着眼于相同的特质，则可以说每个人皆相同，若着眼于不同的特质，则可以说每个人皆不相同。立法者在制定规定时，必须决定应着眼于相同的或不同的特质，亦即立法者必须决定以何者为制定规定的立足点。[4]分配正义的根本目的就是利用社会化的机制，实现财富在不同人之间的分配，最终实现分配的正义。有学者曾言："分配正义所关注的是一群人之间的利益的整体性分配，而矫正正义仅仅关注的是双方当事人之间的关系，比

---

[1]　[美]E·博登海默：《法理学：法律哲学与法律方法》，邓正来译，中国政法大学出版社 1999 年版，第 252 页。

[2]　[美]庞德：《通过法律的社会控制——法律的任务》，商务印书馆 1984 年版，第 73 页。

[3]　黄兴：《法学方法》，元照出版有限公司 2009 年版，第 66 页。

[4]　黄兴：《法学方法》，元照出版有限公司 2009 年版，第 67 页。

如侵权法中的侵权人和原告之间的关系，而不去关注整体的分配方案。"[1]

美国著名法哲学家罗尔斯则论述了社会正义和个人正义之分。他认为社会正义原则是指社会制度的正义，主要问题是"社会的基本结构，是一种合作体系中的主要的社会制度安排"，这种原则不能同个人正义原则，即"用于个人及其在特殊环境中行动的原则"混淆起来。而且他还认为，"只有首先确定社会正义原则才能进一步确定个人正义的原则。因为个人正义的原则首先是个人在一定条件下应对制度所负责任的原则。"[2]罗尔斯的正义论是社会正义论。罗尔斯之所以把社会体制的正义作为首要的正义，是因为：①社会体制对个人生活前途起着深远的、自始至终的影响。②社会体制构成了个人和团体的行动发生的环境条件。③关于人的行为的公正与否的判断往往是根据社会体制的正义标准做出的。例如，当我们说一个法官的判决公正或不公正时，我们使用的标准通常或在绝大多数场合是现行法律制度的规定。[3]

罗尔斯还将社会正义区分为实质正义与形式正义。罗尔斯所认为的实质正义，是指制度本身的正义；形式正义则是指对法律和制度的公正及一贯的执行，而不论其实质原则为何。所以，形式正义也可称为"作为规则的正义"[4]。在昂格尔看来，形式正义要求普遍性规则的统一适用，实质正义强调调整分配性决定或交易的结果，即形式正义强调规则的统一适用，实质正义强调调整结果的内在公正。[5]一般认为，形式正义意味着对所有人平等地执行法律和制度，但这种法律和制度本身却可能是不正义的，所以形式正义不能保证实现实质正义，但形式正义可以消除某些不正义。例如，一种法律制度和制度本身是不正义的，但如果它一贯适用的话，一般地说，至少能使服从这种法律和制度的人知道对他有什么要求，从而使他可以保护自己。相反的，如果一个已经处于不利地位的人还受到专横待遇，那就成了更大的不正义。[6]

---

[1] [瑞典]亚历山大·佩岑尼克：《法律科学：作为法律知识和法律渊源的法律学说》，桂晓伟译，武汉大学出版社 2009 年版，第 49 页。

[2] [美]罗尔斯：《正义论》，何怀宏等译，中国社会科学出版社 1988 年版，第 50 页。

[3] 张文显：《二十世纪西方法哲学思潮研究》，法律出版社 2006 年版，第 498 页。

[4] [美]罗尔斯：《正义论》，何怀宏等译，中国社会科学出版社 1988 年版，第 225 页。

[5] [美]昂格尔：《现代社会中的法律》，吴玉章、周汉华译，中国政法大学出版社 1994 年版，第 180—186 页。

[6] 沈宗灵：《法理学》，北京大学出版社 1999 年版，第 63 页。

　　大规模侵权责任保险作为一种制度，其基本功能在于分散被保险人的责任风险，使受害人的利益得到更好的保障，那它的正义体现在哪些方面呢？

二、大规模侵权责任保险之正义价值

（一）分配正义观

　　自亚里士多德以来，人们一直认为法律制度的功能是为了矫正正义，即纠正违法行为。[1] 传统侵权责任制度所要解决的乃是"谁应该对损害负责"的问题。它表达了这样一种思想，通过责任的负担可以纠正由一个人对另一个人所施加的不公正的侵害，[2] 恢复受害人与加害人之间的道德平衡，此即矫正正义观念的体现。侵权行为法注重对违法行为的矫正，是由民法的属性所决定的。[3] 随着社会经济的发展，传统的侵权行为法的功能局限日益彰显。由于忽视了"平等"之后的诸多因素，侵权行为法并不能为受害人得到有效补偿提供保障。在现实生活中，受害人在侵权诉讼中即使诉讼，也常因加害人无足够经济实力而无法获得足额赔偿。当形式上的矫正正义得以实现时，受害人却没有获得相应的实际利益。人们当然不能将该过错归咎于矫正正义的理念，但是人们却可以寻找其他的救济途径。经济现实的发展表明，侵权行为法所倡导的正义观只能实现形式公平和矫正，并不能实现实质意义上的公平与正义。[4]

　　自 19 世纪至今社会个人主义走向衰落，社会化思潮兴起。与此相适应，全社会的正义观也有所改变。按亚里士多德关于正义的分类，人类由注重矫正正义发展到注重分配正义。从矫正正义到分配正义的转化，是社会正义的必然要求，是社会进步的象征。应该说，现代社会人们更注重整个社会的利益平衡，即分配正义。因此，在分配正义的理念下，责任负担分配的正当理由，不是完全基于矫正正义的过错，而是加害人和受害人分散损失能力的比较。"有了保险，事故成本对过失加害人就不是受害人的损失了，而是加害人因过失可能经

---

[1]　[美] 理查德・A・波斯纳：《法律的经济分析》（上），蒋兆康译，中国大百科全书出版社 1997 年版，第 346 页。

[2]　Ernest J. Weinrib, *Corrective Justice in a Nutshell, The University of Toronto Law Journal*, Vol. 52, No. 4, Autumn, 2002.

[3]　王伟：《责任保险法理学三论》，载《南京大学法律评论》2005 年秋季号。

[4]　王伟：《责任保险法理学三论》，载《南京大学法律评论》2005 年秋季号。

受的任何保险费增长的现值。"[1]这弥补了矫正正义的不足。

当然，分配正义与矫正正义并非对立，二者是一个问题的两个方面，在分配正义理念主导的社会中，分配正义是常态，而矫正正义是非常态下规范秩序的工具。在法律现代化进程中，社会对于财产价值和人的价值的衡量标准在不断地变迁，"以前是财产的高价值和人的低价值，现在是人的高价值和财产的低价值"[2]。就侵权法而言，"如果赔偿是过失制度的唯一目的，那它就是一种贫困的制度，因为它不但成本很高而且很不完善"[3]。因此，在现代社会的发展过程中，法律制度的发展出现了"损失承担社会化"的趋势，而这正好与分配正义理念相契合。责任保险中的公正观体现在社会或团体对个体意外事故造成的损失的公平分担上。这种机制可以通过集合社会上的大量危险同质性偏好个体形成保险基金，在团体成员遭受保险事故导致财富损失的不利状态时，对这种"财产不利益"在所有成员间进行分配，从而尽可能缩小财产损失所造成的个体财富之间的差距。因此，责任保险体现的是一种分配正义观。

此外，责任保险中的强制责任保险，在一定的领域中，具有类似于第二次分配的功能。财富的所有人通过购买大规模侵权责任保险，将一部分财富转移给保险公司，保险公司在收取保费后，建立保险基金，对受害人的损失予以赔偿，使受害人获得一定的经济补偿。这样，大规模侵权责任保险就使社会财富和社会资源向弱者倾斜，使弱者在残酷的经济世界中有所依靠。就具体的责任保险关系而言，不论受害人实际上贫困还是富有，在该事件中都是弱者，公平对于他而言就是使他得到救济。大规模侵权责任保险作为一种高度社会化的保障工具，建立了风险承受的共同体，实现了财富在不同人们之间的分配。应当说，现代社会的分配正义理念的确立是大规模侵权责任保险存在并具有正当性的理论基石。[4]

---

[1] [美]理查德·A·波斯纳：《法律的经济分析》（上），蒋兆康译，中国大百科全书出版社1997年版，第259页。

[2] 沈宗灵：《现代西方法律哲学》，法律出版社1990年版，第91页。

[3] [美]理查德·A·波斯纳：《法律的经济分析》（上），蒋兆康译，中国大百科全书出版社1997年版，第258页。

[4] 郭宏彬：《论责任保险的法理基础——"责任保险危机"的解读与克服》，中国政法大学博士学位论文，2010年，第61页。

（二）社会正义观

当大规模侵权责任保险介入侵权行为法后，与事故无关的保险公司承担了补偿受害人的责任。此时，侵权行为法所倡导的矫正正义受到了很大的冲击，大规模侵权责任保险似乎破坏了侵权行为法所创造的法律秩序。哈耶克说，正义既然是人的行为属性，那么，当我们说一个人的某种行为是否正义时，就意味着他是否应该有某种行为。"应该"本身就预设了对某种普遍规则的"承认"。这种普遍规则，在哈耶克看来，就是用"同样的规则"对待不同的人，就是"法律面前人人平等"。因此，衡量"正义"的普遍规则必须在"法治秩序"中求得，即法律应当平等地对待每一个人，而不管这个人的物质财富如何，生活条件如何。"正是由于人们实际上是不相同的，因此我们才能够平等地对待他们。如果所有的人在才能和嗜好上都是完全相同的，那么我们就不得不区别对待他们以便形成一种社会组织。所幸的是，人们并不相同，而且正是由于这一点，人们在职责上的差异才不需要用某种组织的意志来武断地决定，而是待到适用于所有人的规则确定了形式上的平等之后，我们就能够使每个人各得其所。"[1]哈耶克始终所坚持的"平等"，只是在自由和法治秩序之下的"机会平等"，并认为这才是真正的平等，才是能够保持自由的唯一一种平等。哈耶克所追求的仍然是形式正义，其正义观与社会正义观是对立的。

那么，大规模侵权责任保险是正义的吗？正如马克思所揭示的，"法的关系既不能从它本身来理解，也不能从人类精神的一般发展来理解，相反，它根植于物质的生活条件"，"社会不是以法律为基础的。那是法学家们的幻想。相反的，法律应该以社会为基础。法律应该是社会共同的、由一定物质生产方式所产生的利益和需要的表现，而不是单个人的恣意横行"[2]。一种社会政治和经济结构或制度，如何安排才算是公平或正义的呢？罗尔斯提出了两个原则：第一个原则是"自由的平等原则"，它强调每一个人都平等地享受政治自由等各种权利；第二个原则是"差别原则"，它强调社会经济的不平等，必须能够促使社会中处境最不利的成员获得最大的利益。也就是说，它允许有不平等（即贫富差距），但又必须限制不平等，使处境最不利的成员获得最大的利益，即

---

[1]　[英]哈耶克：《个人主义与经济秩序》，北京经济学院出版社1989年版，第16页。
[2]　《马克思恩格斯全集》第6卷，第291—292页。

所谓的"补偿原则"。罗尔斯的观点旨在强调或兼顾不同层次的正义观。按照罗尔斯的想法，"由于社会合作，存在着一种利益的一致性，它使所有人有可能过一种比他们仅靠自己的努力独自生存所过的生活更好的生活；另一方面，由于这些人对他们协力产生的较大利益怎样分配并不是无动于衷的，这样就产生了一种利益的冲突，就需要一系列原则来指导在各种不同的决定利益分配的社会安排之间进行选择，达到一种有恰当的分配份额的契约。这些所需要的原则就是社会正义的原则，他们提供了一种在社会的基本制度中分配权利和义务的办法，确定了社会合作的利益和负担的适当分配"[1]。

民事责任制度向有利于受害人的方向发展，其结果必然是加重加害人的责任负担，作为加害人在主观上有分散责任的需求，而大规模侵权责任保险在客观上提供了这一功能。详言之，在多数大规模侵权事故中，致害人是有强大社会和经济背景的企业，受害人一般是众多分散处于弱势的个体。侵权事故发生后，受害人可能因为没有经济能力诉讼而放弃赔偿，这与法的价值相符。在某些大规模侵权事故中，致害人要承担非因完全自身行为导致的侵权损失，例如产品责任事故中的销售者，在这种情况下，若要致害人承担全部的责任，与法倡导的公平与正义精神不符。通过大规模侵权责任保险赔偿，灵活的应对现有的和潜在的被告的诉讼请求使致害人的权利得到保障。同时，受侵权领域无过错原则广泛使用的影响，某些在大规模侵权事故中并无过错的致害人也会受到牵连，如"三聚氰胺奶粉事故"中的销售者。如果潜在致害人事先购买责任保险，将侵权风险转嫁于保险人，其结果是既保证了企业经营的稳定，也可化解事故发生前的心理恐惧及事故发生后面临的赔偿危机。[2]侵权行为法中的无过错责任的发展与责任保险紧密联系在一起，责任保险制度成功地减轻并分散了加害人的负担，为无过错责任制度的发展提供了现实基础。[3]

在现代社会中，损害赔偿不再是一个单纯的私人纠纷问题，同时也是一个社会问题。这样，就必须兼采其他法律部门中适宜的法律手段，组成一套综合

---

[1] [美]罗尔斯：《正义论》，何怀宏等译，中国社会科学出版社1988年版，第2页。
[2] 粟裕：《大规模侵权责任保险赔偿制度研究》，西南财经大学博士学位论文，2014年，第30页。
[3] 王利明：《侵权行为法归责原则研究》（修订二版），中国政法大学出版社2004年版，第192页。

的调整机制，于是，就有了责任保险及其他损失保险的发展以及相应的规范的完善。事实上，大规模侵权责任保险具有重要的社会价值，不仅体现在对受害人的补偿方面，还能对个人资源的有效利用和社会资源的增长产生重大影响。在没有大规模侵权责任保险的时候，人们会因为潜在的风险而畏首畏尾地生产经营，阻碍了新技术、新工艺、新方法的采用。但是在大规模侵权责任保险的支持下，投保人在一定程度上减轻了风险发生时的赔付责任，有利于其进行创造性的活动。由于这些风险活动对整个社会是有意的，因而，让整个社会至少是让这种活动的全体受益者来承担这种潜在的风险的成本，比让从事这种活动的个人遭受责任的打击更显得符合社会正义的要求。在这个意义上，大规模侵权责任保险解除了加害人积极从事社会活动的责任风险负担，在结果上也实现了法的自由价值。

综上，大规模侵权责任保险的存在，不仅满足了加害人分散赔偿责任的需要，而且将社会发展过程中的必要风险从个人转移到社会分担，同时实现受害人利益的及时救济，体现了现代社会的人文精神，从而有利地协调了社会经济发展中的各种利益冲突，在促进社会进步的同时，体现了社会正义。

（三）实质正义观[1]

作为私法的现代民法所关注的是形式正义。正如梁慧星先生所分析的那样，近代民法有两个基本判断："这两个判断，是近代民法制度、理论的基石。第一个基本判断，叫做平等性。在当时不发达的市场经济条件下，民事法律关系主体主要是农民、手工业者、小业主、小作坊主……而所有这些主体，在经济实力上谈不上有多大区别……尤其在当时不发达的市场经济条件下，还没有发生像今天这样的生产者与消费者的对立。因此，法学家和立法者对当时的社会生活作出一个基本判断，一切民事主体都是平等的，叫做平等性。第二个基本判断，叫互换性，所谓互换性，是指民事主体在市场交易中、在民事活动中互换其位置，在这个交易中作为出卖人与相对人发生交换关系，在另一个交易中则作为买受人与相对人建立交易关系……于是，主体之间存在的并不显著的经济实力的差距或优势，因为主体不断地互换其地位而被抵消。在平等性上的不

---

[1]　该部分主要参考郭宏彬：《论责任保险的法理基础——"责任保险危机"的解读与克服》，中国政法大学博士学位论文，2010 年，第 64—65 页。

足，因互换性的存在而得到弥补。"[1] 这两个基本判断与形式正义——每个人都应当被同等地对待不谋而合，而在这两个判断的基础上，法学家和立法者理所当然地认为，既然主体之间是平等的，他们都有能力平等地保护自己的利益。"因此国家可以采取放任的态度，让他们根据自己的意思，通过相互平等的协商，决定他们之间的权利义务关系。他们所订立的契约被视为具有相当于法律的效力，不仅作为他们行使权利和履行义务的基础，而且作为法院裁判的基准。这就是所谓的私法自治和契约自由原则。这就是民事法律行为制度……可见，正是因为有互换性这一基本判断，使自己责任或过失责任原则获得了公正性和合理性。"[2] 在侵权法领域，受害人和加害人的平等关系不因事故的发生而发生任何改变，任何社会地位、宗教信仰、支付能力等因素都不是实现正义的必要因素。[3] 法律旨在通过制裁加害人、补救受害人的方式来实现正义。而法官的职责就是判决加害人对受害人进行赔偿，至于加害人是否能够给予足额的赔偿，则不是侵权法所关注的范围。

近代民法满足于形式正义，是基于对 19 世纪社会经济生活所做出的两个判断，即平等性和互换性，但是进入 20 世纪以后，社会经济生活发生了变化，作为近代民法前提条件的平等性和互换性已经不复存在，社会上出现了两极分化和对立。一方面是企业主与劳动者的对立，一方面是生产者和消费者的对立，而劳动者和消费者在社会生活中出于弱势地位。生产者不再是手工业者、小业主、小作坊主，而是现代化的大企业、大公司，他们拥有强大的经济实力，在商品交换中处于显著的优势的地位。他们只是无穷无尽地生产和销售，并不和消费者互换位置。而劳动者因为与企业主经济实力对立悬殊，也不可能有实质的平等。这就"导致民法理念由形式正义转向实质正义"[4]。换言之，发生了深刻变化的社会经济生活条件，迫使 20 世纪的法官、立法者正视当事人之间经济地位不平等的现实，抛弃形式正义观念而追求实现实质正义。诸如在侵权

[1] 梁慧星：《从近代民法到现代民法法学思潮——20 世纪民法回顾》，载《从近代民法到现代民法》，中国法制出版社 2000 年版，第 169—170 页。

[2] 梁慧星：《从近代民法到现代民法法学思潮——20 世纪民法回顾》，载《从近代民法到现代民法》，中国法制出版社 2000 年版，第 170—171 页。

[3] 王伟：《责任保险法理学三论》，载《南京大学法律评论》2005 年秋季号。

[4] 梁慧星：《从近代民法到现代民法法学思潮——20 世纪民法回顾》，载《从近代民法到现代民法》，中国法制出版社 2000 年版，第 179 页。

案件中，基于无过错责任，受害人一方面得到法律的保护，一方面却又无法实现现实的判决。无论法院的判决如何措辞激烈地谴责加害人，如果最终不能实际补偿受害人的损失，都没有任何实际意义。事实上，侵权行为法所奉行的矫正正义并不能为受害人得到有效补偿提供任何保障。受害人在侵权诉讼中即使胜诉，也常常无法获得足额补偿。也就是说矫正正义在这里只是满足了形式正义的要求，并未使受害人得到实质正义。

从我国近年发生的情况来看，政府及致害人是大规模侵权事故损失赔偿的主要承担者。在大规模侵权事故发生后，为维护社会稳定，中央及地方政府常常扮演调解员或赔偿者的角色。但事实表明，由于各级政府受财力和能力的限制，根本无法承担全部的损失补偿，因此，依靠各级政府财政来为频发的大规模侵权事故受害人提供经济补偿难以满足其要求。即使政府有足够的财力，也不应该承担全部的赔偿责任，其原因在于：一方面，政府财政来自于纳税人，为违法行为承担赔偿责任，不但加重了纳税人的负担，而且有违公平原则；另一方面，如果每次大规模侵权事故发生后都由政府承担赔偿责任，而真正应该为侵权行为负责的致害人不必为此付出任何代价，这是对侵权行为人的一种放任，将会诱发道德风险。大规模侵权责任保险赔偿与政府赔偿相比，更具公平性。因为保险人是根据致害人的风险程度而确定保险费率并收取合理的保险费，这是对投保人的一种风险约束，有利于培养强化投保人主动预防、控制标的风险意识，起到正面激励的作用。如果过多地依赖政府赔偿，则有可能淡化或扭曲大规模侵权加害人的风险管理意识，因为政府赔偿使得大规模侵权加害人的赔偿成本实际上更多的是被纳税人承担。这样，非但没有约束意识，反而可能刺激这些人的"冒险"行为，导致社会资源的不合理分配。[1]

为了减轻政府在大规模侵权案件赔偿中的压力，大规模侵权责任保险将集中于一个人或一个企业的责任分散给社会，客观上增强了加害人损害赔偿的能力，可以避免受害人不能获得实际赔偿而造成的民事责任制度上的，强化了民事法律对受害人的救济功能。从这个角度言，大规模侵权责任保险在一定程度上解决了"判决不能被执行"的问题，在效果上实现了法的秩序价值。因此，

[1]　粟裕：《大规模侵权责任保险赔偿制度研究》，西南财经大学博士学位论文，2014年，第29页。

大规模侵权责任保险的出现，在相当程度上，将形式正义推进到实质正义，体现了现代法治之人文主义精神。

总之，大规模侵权责任保险体现了分配正义、社会正义、实质正义的正义理念。它的产生和发展有着深刻的法哲学基础，体现了现代法的公平、自由、秩序和人权的价值，具有正当性。

第三节 经济学基础：大规模侵权责任保险之效率性

一、法经济学分析的意义和范式

经济学对法律的分析，始终是以效率作为分析问题的切入点和最终归宿，对大规模侵权责任保险的经济分析也同样如此。从法经济学意义上，大规模侵权责任保险是有效率的一种制度，其存在具有合理性。大规模侵权责任保险可以将不确定的大规模侵权责任风险通过风险分配机制转化为可预期的保费支出，可以激励被保险人参与具有社会价值的、具有一定风险的活动。对大规模侵权责任保险进行经济分析，并非扬弃传统法学逻辑或概念衍析的论述方式，更不致造成民事体系的全盘颠覆或崩溃；反之，如果法律制度的设计本即符合经济效益的话，则法律经济分析将为法律建制或理论选择进一步提供正当化的基础。

（一）法经济学分析的意义

法经济学，也成为经济分析法学，是 20 世纪 70 年代以后在西方经济学界也是法学界发展最快的，是从法与经济学互动的视角研究社会的重要学科和学术流派，其重要理论基础是美国的新自由主义经济学或新制度经济学。[1] 新自由主义经济学的观点是：当代社会的弊端主要是国家干预过多造成的。要想使社会恢复活动，需要实行"新的自由放任政策"，充分利用"市场机制"。新制度经济学是以交易费用或交易成本为核心范畴，分析和论证制度的性质、制

---

[1] 郭宏彬：《论责任保险的法理基础——"责任保险危机"的解读与克服》，中国政法大学博士学位论文，2010 年，第 66 页。

度存在的必要性以及合理制度的标志的经济学派。其与以往的经济理论不同，它考察的重点不是经济运行过程本身，而是经济运行背后的产权关系，即经济运行的制度基础。通过考察和分析产权关系，来合理地界定经济运行效率，改善资源配置。在一定意义上，可以说法经济学与新制度经济学是同一硬币的两面。[1]

法经济学的核心思想是"效益"，认为以价值得以最大化的方式分配和使用资源，或者说使财富最大化是法的宗旨，主张运用经济学的观点，特别是微观经济学的观点，分析和评价法律制度及其功能和效果，朝着实现经济效益的目标改革法律制度。法经济学分析的最大特点就在于运用相关的经济原理和模型对各种法律制度进行比较，做出评价后进行选择，以达到社会制度的均衡。在法经济学视野中，均衡的形成必然是各种利益主体相互博弈后的结果。其中，从世界看，对法经济学研究最有影响力的代表人物是科斯和波斯纳。

在我国，法经济学的研究起步较晚，近几年来发展迅猛。我国有学者对法经济学的定义是："法经济学是分析作为经济增长内升变量的法律制度的变迁对经济运行的重要影响，并在此基础上坚持公平、自主、效率有机结合、交替循环上升的法律价值观，结合本土具体的、动态的社会规范，主要运用经济学的原理和方法来研究法律规则和法律制度的形成、结构、成本——收益，从而真正实现正义的三个基本成分——安全、自由、平等的合理均衡，正义和秩序有效协调，风险和收益相平衡的一门交叉性学科。"[2]这个定义表达了这样一种观点：效益属于法的重要价值，是取舍法律制度和评判法律制度优劣的重要标准。正如波斯纳所言："正义的第二种含义——也许是最普通的含义——是效益……只要稍作反思，我们就会毫不惊奇地发现：在一个资源稀缺的世界里，浪费是一种不道德的行为……读者必须牢记：经济学后面还有正义。法律的经济分析的解释力和改进力都可能具有广泛的限制。然而，经济学总是可以通过向社会表明为取得非经济的正义理想所应作的让步而阐明各种价值。对正义的要求决不能独立于这种要求所应付出的代价。"[3]所以，善法要遵循效益标准。

---

[1]　张文显：《二十世纪西方法哲学思潮研究》，法律出版社2006年版，第167—168页。

[2]　曲振涛、杨恺钧：《法经济学教程》，高等教育出版社2006年版，第8—9页。

[3]　[美]理查德·A·波斯纳：《法律的经济分析》（上），蒋兆康译，中国大百科全书出版社1997年版，第31—32页。

效益属于理性范畴，正义属于合理范畴，而理性和合理之间不完全一致。理性行为适用有效率的手段追逐一贯的目的，但目的的性质如何，不妨碍理性的选择，因为"纵然目的是反社会的，并且手段是不道德的，但行为可以是理性的"[1]。而在法律上，通常人们把追逐反社会的目的或者采取不正当的手段看成是不合理的。也就是说，理性的不一定是合理的，而合理的必须是理性的。这就是说，善法应坚持遵循效益和正义二者有机结合的价值标准，二者不可偏废。法经济学是遵循效益和正义二者相结合的价值观。

（二）法经济学分析的范式

法经济学的分析范式主要有三个方面：①哲学层次的形而上学范式——理性选择理论；②社会学范式——交易成本理论；③构造范式（分析工具、规范术语、沟通渠道）主要由谈判、博弈理论构成。其研究方法主要包括法律的规范性分析、法律的实证性分析和法律的博弈经济分析。规范性经济分析涉及道德评价和价值判断，以效益为核心价值判断标准。科斯强调：在决定法律权利的赋予时要考虑整体的社会效果，要权衡利弊，以较少的损失换取较多的收入。法经济学家通常使用的是"效率"的概念，所谓"效率"，指的是一种状态下总收益和总成本之间的关系，如果在交易中以较小的成本取得同等的收益，我们就说这种交易是有效率的。波斯纳在《法律的经济分析》一书中指出：效益意味着"资源达到价值的最大值的实现"，这是衡量一切法律乃至公共政策适当与否的根本标准。为了揭示经济效益的真正含义，波斯纳比较了帕累托和卡尔多 - 希克斯的效益观。经济学通常使用的效率定义是"帕累托最优"，即一项交易至少使世界上的一人境况更好而无人因此境况更糟。因为这一标准意味着满足条件的交易必须得到所有相关人一致同意，故十分苛刻，对现实世界的适用性很小。在有些情况下，一个人的境况改善，就意味着对另一人的损害。正如科斯指出的："损害是相互的，关键在于避免较严重的损害。"因此，我们应当适用的卡尔多 - 希克斯效益标准：盈利者可以对受损者进行补偿，即盈利者的收益大于受损者的损失，此时给予受损者大于损失的补偿，依然是有效

---

[1]　[美]罗伯特·考特、托马斯·尤伦：《法和经济学》，张军译，上海三联书店1994年版，第3页。

率的。[1] "从本质上说，没有人可以任何理由反对帕累托改进，如果对之进行任何可能的变动，都至少得使一人受损，那么，这种情形即成为帕累托最优。"但帕累托改进是不容易获得的，因此，在法经济学中，经济效率通常是指卡尔多－希克斯。在卡尔多－希克斯意义上，如果赢者的收益超过了输者的损失，或者更确切地说，如果在赢者向输者进行一个假设的转让后，所产生的情形较之于现状是一个帕累托改进，那么，一种情形就要优于另一种情形。更简单地说，赢者所获得的利益足以使其能够贿赂输者同意顺应这种变动。在某种一般化意义上，卡尔多－希克斯告诉我们，尽管某些人可能获赢而某些人可能受亏，但某一变动的总收益还是超过总成本的。因此，卡尔多－希克斯改进将超越成本—收益分析。[2]

鉴于上述法经济学分析的范式，我们将运用法经济学的理论来探讨大规模侵权责任保险的效率（效益）问题。

二、风险与期望效用最大化理论

大规模侵权责任保险制度是否具有效率，是我们首先需要解决的一个问题。从伦理学角度言，对效率的关注是人类活动的基本动机之一。而这种动机源于人类的自利思想。在交易领域，人的自利性尤为明显，为追求利润最大化，提高效率成为交易主体的渴求。很明显，大规模侵权责任风险的处理也是一个效率的问题。如前文述及，大规模侵权责任保险的本质是大规模侵权责任风险的社会化分担。所谓风险，就是损失的不确定性。按照经济学家的观点，所谓不确定性，是指可能有不止一件事件出现，但我们不知道出现哪一件事的状态。[3]在人们面对不确定性时，会如何决策呢？在理性人的假定下，人们会追求期望效用最大化。所谓效用，就是一种满足，是指一个人在主观上的享受或有用性。经济学家用它来解释一个理性人如何将有限的资源分配在能给他带来满足的事项上。[4]瑞士数学家丹尼尔·伯努利在18世纪首先提出，在不确定性情况下做

---

[1]　曲振涛、杨恺钧：《法经济学教程》，高等教育出版社2006年版，第8—9页。

[2]　郭宏彬：《论责任保险的法理基础——"责任保险危机"的解读与克服》，中国政法大学博士学位论文，2010年，第70页。

[3]　[英]迈克尔·帕金：《微观经济学》，梁小民译，人民邮电出版社2003年版，第406页。

[4]　梁鹏：《保险人抗辩限制研究》，中国人民公安大学出版社2008年版，第205页。

决策的人们不会设法使预期货币价值达到最大，相反，他们力求使预期的效用达到最大。[1] 根据经济学原理，当一个人处于不确定状态下之时，其从不确定状态取得的效用小于确定状态下取得的效用。那么，不确定状况下的效用为什么小于确定状态下的效用？微观经济学的一个解释是边际效用递减理论，该理论认为，随着个人消费越来越多的某种物品，它从中得到的新增的或边际的效用量是下降的。微观经济学的另一个解释是风险态度理论。那些遭遇风险的人对风险基本上持有三种不同的态度[2]：风险偏好型（Riskogeneigt），他是投机者，只有在保险费低于损害的预期值时，他才愿意支付费用来预防风险；风险中立型（Riskoneutral），他将支付与预期风险相等的保险费；风险厌恶型（Riskoavers），他将支付比预期风险更高的保险费。在假定大多数人对待风险都采取规避态度，即属于风险厌恶主体，认为绝大多数人会有意避开"不确定性"这种将来存在的风险，对这种人来说，不确定状态的效用自然小于确定状态的效用。[3] 因此，"一般地说，人们都不愿冒风险，在其他条件相同的情况下，相对不确定的消费水平来说，更喜欢做有把握的事情。也就是说，同样的平均值下人们更愿意要不确定性小的结果。由于这个原因，降低消费不确定性的活动会导致经济福利的改善"[4]。

经济学家通常采用效用函数对风险偏好型、风险中立型和风险厌恶型主体进行描述。首先，针对风险厌恶型而言，如果一个人的货币收入函数呈现出递减的边际效用就被认为是风险厌恶者。或者说，如果一个人认为一个未来确定的货币收入所带来的效用大于未来不确定的但具有同等预期货币价值所带来的预期效用，他就被称为风险厌恶者。其次，就风险中立型而言，风险中立者是指对风险持有中性态度，或者说他们收入的边际效用是固定的，因而在未来一确定性收入和未来不确定但具有同样期望货币收入之间是没有差异的。对于风

---

[1] ［美］罗伯特·考特、托马斯·尤伦：《法和经济学》，施少华、姜建强等译，上海财经大学出版社 2002 年版，第 40 页。

[2] ［德］汉斯-贝恩德·舍费尔、克劳斯·奥特：《民法的经济分析》（第四版），江清云、杜涛译，法律出版社 2009 年版，第 392—393 页。

[3] 郭宏彬：《论责任保险的法理基础——"责任保险危机"的解读与克服》，中国政法大学博士学位论文，2010 年，第 71—72 页。

[4] ［美］保罗·萨缪尔思、威廉·诺德豪斯：《微观经济学》，萧琛等译，华夏出版社 1999 年版，第 158 页。

险中立者来说，收入的边际效用是不变的。最后，就风险偏好型而言，风险偏好者具有递增的收入边际效用，他们更偏爱未来不确定性的收入，例如赌徒、赛车手、攀岩者等。

与风险中立主体不同，风险厌恶者不仅仅关心损失的预期价值，而且关心损失的可能规模。例如，风险厌恶的主体会认为一种有 5% 的可能性造成 20 000 损失的情况要比有 10% 的可能性造成 10 000 损失的情况糟糕，反过来，他们会认为这种情况比一种确定要损失 1 000 的情况糟糕，即使每种情况所涉及的预期损失都是 1 000，而风险中立的主体不会认为其中一种情况比其他情况更糟糕。换言之，风险厌恶的主体本质上不喜欢损失大小的不确定性。[1]

三、大规模侵权责任保险和社会福利最大化

风险厌恶主体的存在意味着风险的分配或者分担本身就能改变社会福利。简单讲，假设社会福利等于主体的预期效用之和，风险类型从风险厌恶到风险中立的转换，或者说，从风险厌恶程度高者到风险厌恶程度低者的转换会提高社会福利。这是因为，由风险厌恶程度高者承担风险相对于由风险厌恶程度低者或者风险中立者承担风险来说，会导致整体预期效用的降低。也因此，让风险厌恶程度高者支付一定价款给风险厌恶程度低者或者风险中性者以使其承担风险是可能的，按照预期效用的观点，这对双方都有好处。[2]

社会福利不仅可以通过风险完全从风险厌恶程度高者到风险厌恶程度低者或者风险中性者转移得以增加，而且还可以通过风险在风险厌恶主体之间的转移来实现。风险转移降低了他们中的任何一个有可能遭受的潜在损失。[3]

一般来说，绝大多数社会主体都是风险厌恶者，保险公司一般被视为风险中立者。因为个人是其行为的最佳判断者，为了实现损失最小化，他们通常会采用两种方法：预防和保险。可以用比预期损失较小的开支防止该损失发生，但不是所有的损失都是可以在这种意义上被预防的。通过保险，可以减少由损

---

[1]　[美]斯蒂文·萨维尔：《事故法的经济分析》，翟继光译，北京大学出版社2004年版，第 216 页。

[2]　郭宏彬：《论责任保险的法理基础——"责任保险危机"的解读与克服》，中国政法大学博士学位论文，2010 年，第 74 页。

[3]　[美]斯蒂文·萨维尔：《事故法的经济分析》，翟继光译，北京大学出版社2004年版，第 220—222 页。

失风险引起的成本。被保险人将损失的可能性交换成数额较小但却是确定的成本（保险费）。保险的基础就是人们对风险的厌恶——人们希望避免危害巨大的风险，他们愿意支付一笔小数目（承担一定的小损失）以避免很大数目损失的可能性。可以说，保险是提升崇尚风险规避的行为人之福利的有用工具。对于崇尚风险规避的行为人而言，保险将不确定性之威胁、巨额损失转变为一串经常性的相对小额的保费制度而达致确定性。

具体到大规模侵权责任保险制度中，为探讨它与社会福利的关系，必须假设社会福利等于各方主体的预期效用之和，然后通过分析大规模侵权责任保险制度对于各方主体的效用情况，再来判断大规模侵权责任保险制度的社会效用。当某一主体的预期效用增加时，社会福利也相应增加。在理想的解决事故问题的社会方案下，各方主体将以最佳的方式做出关于从事行为以及关于他们施加注意的决定。而且，风险厌恶性的主体——作为受害人或者加害人将不承担责任，也就是说，他们的风险将圆满地通过保险安排而分散或者将转移给风险中立者承担。

例如：如果加害人从事一项活动，在注意方面花费 60，他们将能够把一个可能造成 10 000 损失的事故发生的几率从 8% 降低到 6%；如果他们在注意方面再花费 90，则可以进一步将风险发生的几率降低到 5%。因此，对于加害人来讲，最好的选择是从事这一行为并且花费 60+90=150 在注意力上；因此，如果他们从这以活动中所获得的收益超过 650（注意成本加上预期事故损失）的话，他们就应该从事这一行为。[1]

关于 5% 损失的风险的分配——只要加害人采取最佳的行为方案从事这一行为就会导致损失，首先假设受害人和受害人都是风险厌恶性的。在这种情况下，双方都不承担责任是最佳的选择。因此，受害人会通过一种保险制度而得到赔偿，否则，他们就会遭受损失，加害人也可以通过一种保险制度得到赔偿，否则，他们就必须赔偿受害人的损失。在受害人是风险厌恶性的而加害人是风险中立的情况下，对于受害人来讲，最佳的选择是通过一种保险制度来使得其本来应当承担的损失得到赔偿，但是，对于加害人来讲，最佳的选择是赔偿受

---

[1]　[美] 斯蒂文·萨维尔：《事故法的经济分析》，翟继光译，北京大学出版社 2004 年版，第 240 页。

害人的损失。相反，在加害人是风险厌恶性的而受害人是风险中性的情况下，最佳的选择是受害人承担他们的损失，或者，如果加害人承担的话，加害人通过一种保险制度来获得赔偿。

下面我们具体看一下大规模侵权责任保险各方的效用状况：[1]

1. 被保险人

一般讲，风险厌恶者都倾向于风险规避，也就是说，人们会支付货币以避免面对不确定的结果。相对于一个较高的不确定收入（损失），风险厌恶者也许更喜欢一个较低的确定性收入（损失）。[2]风险厌恶者一般会采用三种方式来将一个不确定的收入（损失）转化为确定性的收入（损失）：一是回避风险，比如机动车驾驶人为了规避风险，则放弃驾车行为。放弃某种活动也是有成本的。二是承受风险，采取措施降低风险发生概率，如化工企业添置各种环保设备，以减少环境污染发生的概率，这同样需要成本。三是转移风险，通过购买保险将风险转给保险公司承担。这需要以支付保险费为代价。作为风险厌恶者的被保险人通过事先缴纳一定数量的保险费，将大规模侵权责任风险转移给风险中立的保险公司承担，在性质上，是把将来的不确定的损失（收入）转化为确定的损失（收入），按照经济学的原理，这是有效率的。大规模侵权责任保险可以提高被保险人的社会福利，一方面它直接降低了被保险人所承担的大规模侵权责任风险；另一方面，更为重要的是，它起到了间接鼓励被保险人参与具有社会价值的冒险活动。另外，保险风险厌恶者免受风险本身就具有社会价值，其价值在于事先的保险安排会减轻被保险人的风险负担，可以使之达到更好的状态；而保险事故一旦发生，不言而喻，投保者的状况会明显好于未投保者。

2. 保 险 人

在原保险关系中，保险人属于风险中立者，并不厌恶风险。因为保险费率是通过概率计算出来的，即便不考虑附加保险费，纯保险费收入之和应该等于保险金支出之和。所以，在理论上，保险人的预期货币收益是不变的；在保险

---

[1]　郭宏彬：《论责任保险的法理基础——"责任保险危机"的解读与克服》，中国政法大学博士学位论文，2010年，第75—76页。

[2]　[美]罗伯特·考特、托马斯·尤伦：《法和经济学》，施少华、姜建强等译，上海财经大学出版社2002年版，第43页。

关系中，保险公司的状况并没有变坏。

3. 受害人

保护风险厌恶性的加害人免遭风险与保护风险厌恶性的受害人免遭风险对于社会福利同等重要。受害人一般也是风险厌恶者，在大规模侵权责任保险关系中，因为无法左右事故发生的可能性，其福利会因事故的发生而受到不利影响，且无法与保险人或者加害人缔结契约以规避风险。因此，在假定其谨慎程度不变的情况下，其预期效用往往取决于加害人的谨慎程度以及是否投保大规模侵权责任保险。在加害人投保大规模侵权责任保险的情况下，其得到赔偿的保障度提高，同时，有可能因为加害人投保之后的谨慎程度降低而受损害的可能增加。后者即为道德风险，本书在此不专门进行讨论，这里仅考虑加害人投保大规模侵权责任保险对其赔偿的影响，下面的例子可以说明这个问题：[1] 假设 A 是加害人，B 为无过错的受害人，A 的行为使 B 遭受了 1 000 万元的损失。在没有大规模侵权责任保险的情况下，根据侵权法，A 应当对 B 的全部损失承担赔偿责任。此时会出现以下三种情形：① A 有能力承担 1 000 万元的赔偿数额。② A 只能承担部分赔偿数额或完全不能承担任何数额，但 B 却有能力自己承担全部损失或 A 无法承担的那部分损失。③ A 只能承担部分赔偿数额或完全不能承担任何数额，同时 B 也无力自己承担全部损失或 A 无法承担的那部分损失。在前两种情况下，A 需要全部或部分承担 B 的损失，由于这个损失是由 A 或 / 和 B 完全承担的，所以就没有外部成本产生。此时的社会成本也就相当于 A 和 B 之间的私人成本，即只有 1 000 万元。而在第三种情况下，由于 A 和 / 或 B 无法承担全部的损失，B 所遭受的损失无法得到全部补偿，这就意味着需要 A 和 B 之外的人来承担无法被补偿的那部分损失，即 A 和 B 之间的活动在私人成本之外还产生了外部成本。而此时的社会成本就是上述私人成本和外部成本的总和。对 B 而言，其所面临的问题就是该如何使自己的损失得到完全的补偿，B 获得补偿的途径的不同就意味着所产生的外部成本的不同，并最终导致社会成本的不同。可以从以下两个方面来考察这个问题：

---

[1] 周博：《责任保险制度的经济分析》，载《新西部》2007 年第 24 期。

1.没有大规模侵权责任保险制度

如果存在政府设立的某种社会救助制度，B 就可以依靠该制度获得补偿。但是，这种制度往往都存在经济较为发达的社会之中，并且该制度的设立毫无疑问也需要耗费巨额的成本。此时的社会成本一定会超过 1 000 万元。如果不存在政府设立的社会救助制度，那么就只能由 B 自己来想办法补偿自己的损失。那么 B 会接受无奈的现实，并最终无法生存；要么 B 会通过犯罪来满足自己对财产的需求。无论是何种情形发生，其所产生的外部成本都是巨大的，而最终的社会成本也必然是巨大的。

2.存在大规模侵权责任保险制度

如果 A 事先向保险公司投保了大规模侵权责任保险，那么保险公司就会代替 A 向 B 支付赔偿金。此时 A 和 B 之间的私人成本是 1 000 万元，而外部成本为零，因此社会成本就是 1 000 万元。虽然在 A 和 B 之间出现了保险公司这一第三者，但是保险公司仅仅是代替 A 向 B 支付赔偿金而已，他与 B 之间并没有任何的其他关系。A 和保险公司之间的保险关系是另外一个经济活动，当然，这项经济活动同样需要成本。但是，这种成本肯定要比政府建立社会救助制度的成本少很多。

总之，加害人投保大规模侵权责任保险，不仅可以提高了加害人的预期效用，而且可以减少外部性。大规模侵权责任保险制度的存在，可以帮助风险厌恶型的被保险人规避风险，更可以救助受害人而提高社会福利。

第三章 大规模侵权责任保险合同上的"人"

保险合同的主体分为两方，与保险合同的订立发生直接关系的，是保险合同的当事人；与保险合同发生间接关系的，是保险合同的关系人。前者包括保险人和投保人，后者包括被保险人和受害人。

第一节 大规模侵权责任保险合同之当事人

保险既然是一种法律关系，法律关系则以权利义务的关系为内容，所以，必有主体享有权利履行义务，保险关系的主体一方为保险人，另一方则为投保人。

一、保险人之含义及组织方式

（一）保险人之含义

保险人，又被称为承保人，是指与投保人缔结保险合同，享有收取保险费的权利，在发生保险事故或者在保险期限届满时，依照合同规定向被保险人承担赔偿或者给付保险金义务的人。保险人虽名为"人"，实则不包括自然人，而是指保险业者，即依照保险法律进行登记，以经营保险为业的机构。[1] 在立法例上，《中华人民共和国保险法》第10条第3款规定："保险人是指与投保人订立保险合同，并承担赔偿或给付保险金责任的保险公司。"学理上认为，保险人以其成立是否以保险法为依据，可以分为一般保险人和特殊保险人。前者是指依保险法成立的保险公司，后者是指依特别法成立，而非依保险法成立的保险人。在我国台湾地区，特殊保险人主要包括以下几类：公务员保险、军人保险以"中央信托局"为保险人；劳工保险以劳工保险局为保险人；简易人寿保险以"中华邮政公司"为保险人；再保险以"中央再保险公司"为保险人；全民健康保险以"中央健康保险局"为保险人。[2]

保险人作为保险合同的一方当事人，它具有以下三个法律特征：①保险人是保险基金的组织、管理和使用人，它通过收取保险费而建立保险基金来经营保险业务，在保险事故发生时根据保险合同履行赔偿或者给付保险金责任。②保险是履行赔偿损失或者给付保险金义务的人，保险人的这种义务不是因侵权或违约行为而产生，而是依据法律规定或者保险合同确定的义务。③保险人应当是依法成立并允许经营保险业务的保险公司。保险业是一种准金融业，保险结构是否严谨，影响到社会大众权益的保障，因此，法律对于保险公司的成立有十分严格的规范，保险公司的设立采取核准主义。如《中华人民共和国保险法》第67条规定："设立保险公司应当经国务院保险监督管理机构批准。国务院保险监督管理机构审查保险公司的设立申请时，应当考虑保险业的发展和公平竞争的需要。"由此可知，保险公司"经营"的主管机关是国务院保险监督管理机构，保险公司的设立必须获得国务院监督管理机构的批准。除此之外，《中华人民共和国保险法》对保险公司的设立条件、注册资本、申请文件和资料、批准决定、筹建期限和要求等方面也具有明确要求。

由上可知，在我国现行法律框架内，经营大规模侵权责任保险的只能是经保险监督管理机构批准成立的，许可经营财产保险业务的保险公司。保险公司经营保险业务必须具备法律所规定的经营保险业务的资格，并且还必须在法律规定的范围内进行，否则所订立的保险合同无效。法律对保险人的资格和经营

---

[1]　梁宇贤：《保险法新论》，中国人民大学出版社2003年版，第38页。

[2]　刘宗荣：《新保险法：保险契约法的理论与实务》，中国人民大学出版社2008年版，第60页。

范围等做了诸多的规定，目的是保护合同相对人的权益，维护整个社会的安定和利益。根据权利和义务的对等性，保险人承担这些义务的同时也享有相应的权利，也是为了维护自己作为商业主体的利益。

（二）保险公司开办大规模侵权责任保险的可行性

1. 基于保险需求的考虑

从总体趋势来看，经济的发展和科技的进步，给人类带来越来越多的风险，随着人类教育水平提高和维权意识的增强，人类对风险认识日益深入。一个意识复苏和人权观念加强的时代，必然是一个诉讼的时代和对企业较少宽容的时代。因此，每个企业在生产过程中，面临的责任风险不断增加，从发展趋势上必然增加对大规模侵权责任保险这一避险工具的需求。从我国大规模侵权责任保险市场发展来看，企业对该险种的市场需求也呈现逐渐增强的趋势，近年来，我国责任保险实务出现诸多针对大规模侵权行为的责任保险，如产品责任保险、环境责任保险等。此外，在大规模侵权领域，企业行为无过错责任的认定削弱了企业的强势地位，举证责任倒置的规定提高了企业的诉讼难度和诉讼成本，增加了企业败诉概率。这些都导致企业对大规模侵权责任保险这种避险工具的潜在需求。

2. 基于投资效益和社会效益的考虑

保险公司对大规模侵权责任保险的需求主要是基于利润和市场份额等因素考虑，而影响利润和市场的主要因素包括保险公司对大规模侵权责任保险业务的市场定位和发展战略、企业对制度的需求程度和需求量、市场竞争状况、市场环境等。大规模侵权责任保险的市场需求量大，保险公司开展此险种，可以积累一笔可观的保险基金。同时，大规模侵权行为的纠纷一般解决时间比较长，保险公司可以利用时间差来调剂资金，以便获得投资效益。另外，大规模侵权责任保险的社会影响力较大，保险公司开展此险种是履行社会义务的一种表现，良好的社会效益对于保险公司来说也是一种财富。

（三）保险公司的组织方式

从学理上看，保险人可在大体上分为公营和民营两种。这两种方式的优缺点主要表现如下：

1. 公营方式

采取公营方式的好处在于政府可以拨款用于软硬件设施的投入和人员的培训，并且在经营发生亏损时予以资金上的支持。公营方式的实质为政府推行的社会福利的一部分。采取公营方式的好处在于：①可避免呈报给政府资料产生费用；②不需要有利润追求；③保费可降至最低；④产生利润收归国库，有利全民；⑤大规模运营才可产生规模经济；⑥一致性运作、文件说明；⑦不需要再保险等相关费用。[1]

2. 民营方式

采取民营方式的好处在于民营保险人具有核保方面的专业知识，对经营商誉有一定的追求，从而有改善服务态度的动力。其理赔较为迅速，注重成本控制，不易产生勾结等弊端。另外，一般而言，民营保险人的准备金投资运用绩效也较公营保险人更佳。采取民营方式的好处在于：①公营仍须内部公文呈报资料费用；②公营无须追求利润而导致效率降低，保费不降反升；③民营保险人利害还可增加税收；④公营的独占体制将使其失去竞争力而难以进步；⑤一致性运作、文件说明失去弹性；⑥不再保险将资金预算置于亏损风险。[2] 民营方式又可分为以下几种：

第一种是相互保险公司。公司投资者即为投保人，即股东也是客户，兼具双重身份。公司不发行股票，以负债之基金取代，且不以营利为目的。

第二种是责任保险合作社。责任保险合作社与相互保险公司的性质相近，都不以营利为目的，参加社员即为投保人。但是，二者也存在实质的不同之处，主要有：一是保险合作社适用保险法和合作社法，而相互保险公司适用保险法和公司法；二是保险合作社社账上有股本科目，而相互保险公司仅有债务科目；三是保险合作社的社员与组织的关系较长久，而相互保险公司与社员的关系仅存在于保险契约有效期间；四是保险合作社采取预收固定保费制度，而相互保险公司则有其他方式可以选择。

---

[1]　[美]D.S.Hansell：《保险学入门》，孙慧瑛、林纯真、周玉玫等译，台湾财团法人保险事业发展中心1994年版，第262页。

[2]　施文森、林建智：《强制汽车保险》，元照出版有限公司2009年版，第30—31页。

第三种是公会或团体专属保险公司。该公司不是保险业的大规模公会或团体，而是为解决在保险保障上的共同需求，增加承保业务的弹性，而投资设立的附属保险机构。被保险人就是专属保险公司的资产持有人。该专属保险公司的性质与相互公司接近，但具有股本和营利的概念。专属保险公司具有如下好处：①直接有效控制或减少保险成本；②增加承保弹性，提供符合需求的保险保障；③充分掌握准备金的投资收益；④可将风险损害防范的成本直接反映在保险上；⑤可直接进入再保险市场，以专属保险公司的力量和再保险公司谈判。但是，其业务能力有限，财务基础薄弱。[1]

第四种为一般公办民营。可由政府主导，订立相关承保限制规则，开放民间一般保险公司经营承保业务。这样操作的好处在于借助现有的保险公司的专业力量，政府只要在监督管理方面发挥作用即可。

3. 比较和选择

在公营方式和民营方式中，后者较前者更为有效。民营方式的优势不必多言，而公营方式向来就有效率不佳、专业性不足等弊端，这也导致了其优势得不到发挥。且如果采用公营方式，亏损时需要以国库弥补，等于利用了全社会的资源来负担少数人的责任风险，于理不合。所以，采取民营方式为宜。

相互保险公司、责任保险合作社和公会或团体专属保险公司均可采用公营方式，存在如下缺陷：①行业协会的组织能力不足，由其出面组织，难以达到预期效果；②公会筹建、成立承保机构，理赔事宜仍由企业方相关人士主导，难免有"护短"的嫌疑；③行业协会的保险专业知识、技术远不如专业的保险公司，财务经营绩效堪忧。[2] 因此，应采取一般公办民营的形式为宜，即保险人应为一般的商业保险公司，通过政府审核登记，可经营大规模侵权责任保险，并接受政府主管部门的监督管理。

二、投保人之含义

所谓投保人，又称要保人，是指与保险公司订立保险合同，并按照保险合同的约定承担缴纳保险费义务的人。《中华人民共和国保险法》第10条第2

---

[1] 王欢：《医师责任保险基本法律问题研究》，武汉大学出版社 2015 年版，第 52 页。

[2] 江朝国：《强制汽车责任保险法》，元照出版有限公司 2006 年版，第 159 页。

款规定:"投保人是指与保险人订立保险合同,并按照保险合同负有支付保险费义务的人。"由于一般将保险视为商品,投保人即为购买保险商品的人,故习惯上有时也称投保人为购买人。

投保人是任何保险合同不可或缺的当事人之一,在大规模侵权责任保险合同中,投保人可以是自然人,也可以是法人。一般而言,投保人必须满足以下资格条件:

首先,投保人必须具有权利能力和行为能力。签订责任保险合同是一项重要的民事法律行为,必须符合民事法律行为的主体资格要件,因此,具备法律要求的相应的权利能力和行为能力,即成为投保人的基本要求。凡法人一旦成立,就依法享有权利能力和相应的行为能力,所以,法人都能充当投保人。自然人享有平等的权利能力,但因年龄、智力状况的不同而在能力上存在层次差别,从而在认定自然人作为投保人是否具备主体资格时,要严格按照《民法通则》的规定,准确地把握其行为能力状态。无行为能力、未经法定代理人或追认的限制行为能力人所签订的责任保险合同依法应认定为无效合同。但是,保险人已知其事实仍然与无缔约能力的投保人订立责任保险合同,除非无缔约能力的投保人之监护人否认责任保险合同的效力,否则保险人不得以投保人无缔约能力拒绝承担责任保险合同项下责任。[1]

其次,投保人对保险标的具有保险利益。为了贯彻保险原则是以填补被保险人因保险事故发生所致损失之宗旨,并防止道德危险,保险法规定投保人对于作为保险标的之财产、责任或人身必须有保险利益。关于投保人对保险标的是否必须具有保险利益这一问题,学术界已达成共识,保险利益是投保人的必备主体资格要件,投保人对保险标的的必须具有法律上或实际上承认的利益。换言之,就保险标的的存在或损失有利害关系者,是为具有保险利益,反之,则无保险利益。保险利益是保险合同的效力要件。缺乏保险利益,保险合同就没有效力。《中华人民共和国保险法》第12条第1款规定:"投保人对保险标的应当具有保险利益。"第2款进一步规定:"投保人对保险标的不具有保险利益的,保险合同无效。"

---

[1] 梁慧星:《民法总论》,法律出版社1996年版,第197页。

第二节　大规模侵权责任保险合同之关系人

保险契约的当事人为投保人和保险人，但在大规模侵权责任保险中，责任保险所保障的客体和保险金给付请求权往往涉及其他人，即被保险人。

一、被保险人之含义

任何一种保险皆以一共同团体的存在为先决条件，此团体中的成员是由各个可能因某种危险事故的发生而将受有损害之人所组成，该成员在保险制度中即为"被保险人"。无论在什么险种中，"被保险人"指的都是其损失会触发保险人给付义务的人。《中华人民共和国保险法》第12条第5款规定："被保险人是指其财产或者人身受保险合同保障，享有保险金请求权的人。投保人可以为被保险人。"由此可知，被保险人与投保人可以为一人，也可以分离，[1]并且有两个基本特征：一是必须是保险事故发生时遭受损失的人；二是享有赔偿请求权的人。

被保险人是否必须具有行为能力，要视保险合同的性质而定。在财产保险合同中，保险合同的标的是财产、利益、责任和信用，不论被保险人是否具有行为能力，都可以享受保险合同法的保障。所以，法律对被保险人的行为能力没有规定。在人身保险合同中，保险合同的标的是被保险人的身体或寿命，关系到被保险人独立的人格权以及安全健康的人身权，出于对被保险人的人格权和人身权的尊重，为了防止道德危险的发生，法律要求被保险人在某些情况下必须具有行为能力。如《中华人民共和国保险法》第33条第1款规定："投保人不得以无民事行为能力人投保以死亡为给付保险金条件的人身保险，保险人也不得承保。"第34条第2款也规定："按照以死亡为给付保险金条件所签发的合同，未经被保险人书面同意，不得转让或者质押。"

保险合同所保障的对象为被保险人的财产或者人身，因为保险事故必发生在被保险人的财产或人身之上，即被保险人的财产上的保险事故或人身上的保险事故，所以被保险人是保险合同保障之人。但被保险人在财产保险与人身保

---

[1]　为后文论述的方便，本书将保险人和被保险人设定为同一人的情形。

险上，其地位有差异。[1] 就财产保险而言，被保险人必须是受损财产的所有权人或者其他权利人，如经营管理人、财产的使用人、财产的抵押权人。也就是说，被保险人在财产保险上是保险标的主体。而在人身保险上则不同，被保险人同时也是保险标的。在这里，被保险人既作为保险关系的主体，又作为客体，似有辱人格遵守之嫌，因此，学者们认为人身保险无标的或客体。我国台湾学者桂裕先生认为："保险法关于'保险标的'之用语，似欲就财产保险与人身保险两项而为区别：其属财产保险之标的者称之为'保险标的'或'保险标的物'，其属人身保险者称为'被保险人'，避去'标的'二字而不用；如能贯彻，自不可谓非立法技术上之进步。"[2]

具体到在大规模侵权责任保险合同中，被保险人是指其对第三人的赔偿责任受保险保障，对保险人享有保险金赔偿请求权之人。被保险人因保险责任范围内的意外事故而应当承担赔偿责任时，有权请求保险人承担赔偿责任。

二、大规模侵权责任保险中被保险人之特殊类型：附加被保险人

在一般责任保险中，因责任通常多属单一，所以，被保险人亦属单一，并无问题。然而，在某些责任保险中，如果将被保险人仅局限于被保险人，可能会产生诸多不便，从而产生附加被保险人，附加被保险人在机动车责任保险中最为常见。如我国《机动车交通事故责任强制保险条例》第 42 条指出："被保险人，是指投保人及其允许的合法驾驶人。"

（一）附加被保险人之意义

在机动车第三者责任险中，责任保险的保险标的是被保险人因所有、使用或管理被保险汽车而发生意外事故，致使第三人死亡或受有体伤，或使其财物受有损害，依法应负的赔偿责任。[3] 故在发生机动车交通事故时，负有损害赔偿责任的人即具有保险利益的人应为被保险人。在实务中，机动车的使用者除了记名被保险人之外，还包括其他潜在使用者；若遵循一般责任险将被保险人

---

[1]　郑玉波：《保险法论》，三民书局 1984 年版，第 16 页。

[2]　桂裕：《保险法论》，三民书局 1981 年版，第 65 页。

[3]　陈彩稚：《财产与责任保险》，智胜出版有限公司 2006 年版，第 191 页。

的范围限于部分特定之人，与此范围之外而非被保险人，必然产生如下负面作用：一方面对机动车的使用构成不当限制，弱化被保险机动车的使用效能，因为机动车的便捷与舒适性要通过重复频繁的使用才能得以充分体现；另一方面，受害人的利益救济缺乏保障。"机动车是危险的武器而行人总是十分脆弱的"[1]，机动车驾驶人得到记名被保险人的许可而使用机动车，因不具备被保险人的法律地位，一旦发生交通事故，保险人自然无须承担任何责任，此时受害人的利益将无法保障。因此，为使机动车充分发挥其效益，更为周全地保障受害人，应扩大被保险人的范围。除记名被保险人外，应将附加被保险人纳入被保险人的定义范畴。被保险人的定义即应包含记名被保险人与附加被保险人在内。

附加被保险人制度的存在，无论是对被保险人还是受害人甚至是社会大众，均具有重要作用，表现于：

首先，避免或减少纠纷。记名被保险人许可他人使用机动车，如果他人使用机动车导致事故发生，不仅受害第三人与机动车使用人容易发生纠纷，而且受害第三人与记名被保险人极易出现纠葛。但若将使用人纳入附加被保险人的范围，因其理赔义务由保险公司负担，故纠纷可望减少。

其次，对社会大众提供赔偿保障。社会本位为现代法律的基本原理，人权保护越来越受到重视，"现代化的核心应当是以人为本，人格尊严、人身价值和人格完整……是最高的法益。人身安全、人的尊严等涉及社会利益"[2]。这一理念在机动车第三者责任险中得到充分体现。

机动车的使用可能会对社会不特定人造成侵害，如有他人果真受害，使用人应该承担损害赔偿责任。但应负损害赔偿责任是"当为"的法则，有无资力赔偿是"存在"的事实；"存在"与"当为"之间常存在差距，申言之，虽然使用人依法应该负损害赔偿责任，但未必有资力负担损害赔偿，若因使用人无资力赔偿，必然导致被害人求偿无门。[3] 事实上，"大量的不法行为人生活在一种绝对不可能实际赔偿受害人的状态"[4]。从个人言，是个人蒙受损失；从

---

[1] ［德］格哈德·瓦格纳主编：《比较法视野下的侵权法与责任保险》，魏磊杰、王之洲、朱淼译，中国法制出版社 2012 年版，第 89—90 页。

[2] 王利明：《侵权行为法研究》（上卷），中国人民大学出版社 2004 年版，第 127 页。

[3] 刘宗荣：《新保法：保险契约法的理论与实务》，中国人民大学出版社 2009 年版，第 321 页。

[4] 邹海林：《责任保险论》，法律出版社 1999 年版，第 48—49 页。

社会言，可能造成社会不安。通过附加被保险人制度的设计，不仅可以使社会不特定人在遭受损害时获得赔偿，而且对社会安全极其重要。机动车第三者责任险附加被保险人条款的目的不在于仅仅保护车辆所有者，相反，其主要目的在于确保公众在因此受到伤害时可以获得赔偿金，从而起到保护公众的作用。[1]

（二）附加被保险人确立原则

机动车第三者责任险为保护受害第三人而扩张被保险人的范围，除记名被保险人外，尚含括附加被保险人。可是，在如何确定附加被保险人，即哪些人可以纳入机动车第三者责任险附加被保险人的范围方面，各国或各地区的保险立法例主要存在两种方法：从车原则和从人原则。

1. 从车原则

所谓"从车原则"，又称机动车使用者原则。在适用该原则时，只关注被保险机动车，而不论记名被保险人与附加被保险人关系如何。换言之，只要机动车投保了第三者责任险，无论谁驾驶该车发生交通事故，都可以被认定为被保险人。即使是偷窃、抢夺或者抢劫者，也可以被认定为附加被保险人。德国、日本是采取从车原则的典型国家。德国《强制责任保险法》第1条规定："……保有人……有义务依本法规定为自己、所有人及驾驶人缔结并维持一责任保险契约。"在《汽车保险一般条款》中又规定："附加被保险人是：（1）保有人，（2）所有人，（3）驾驶人，（4）副驾驶人，即于劳务关系范围内，非偶然性随同为要保人或保有人履行或实施装载及辅助工作之有权驾驶人，（5）公共汽车乘务员，即于劳务关系范围内，为要保人或保有人工作者，（6）被保险汽车是因职务上之目的，经要保人之同意而使用时，该要保人之雇主或国家主管雇用机关。"《日本自动车损害赔偿保障法》第1条前段也规定："责任保险契约，因保险公司约定，对发生第三条规定之保有人损害，以及驾驶人亦应对其被保险人负损害赔偿责任时所致驾驶人之损害，予以填补。"从德、日相关的规定可看出，被保险人的范围均有所扩大，除保有人、所有权人外，也包括驾驶人等，彰显出尽量使可能的责任主体成为附加

---

[1]　[美]肯尼斯·S·亚伯拉罕：《美国保险法原理与实务》，韩长印等译，中国政法大学出版社2012年版，第633页。

被保险人，以求受害人获得保险保障。并且，上述立法例中的驾驶人并不区分有权或无权，即使未经同意而使用被保险机动车的人也包含在附加被保险人范围内，从而在更大程度上保护了受害人的利益。

2. 从人原则

所谓"从人原则"，指凡是与记名被保险人存在某种关系的人，使用机动车因交通事故发生而需对他人承担损害赔偿责任，保险人应提供保障，此人为附加被保险人。这些人一般与记名被保险人具有某种关系，或是亲属关系，或是经济关系，等等。采从人原则最为典型者为我国大陆和台湾地区。在我国大陆地区，无论是规范机动车强制责任险的《机动车交通事故责任强制保险条例》，[1] 还是规范机动车商业第三者责任险的《机动车辆商业保险示范条款》，[2] 都适用了从人原则。尽管机动车商业第三者责任险并未像强制责任险那般，明确指明被保险人允许的合法驾驶人属于被保险人，但此种情形发生意外事故导致的损失，保险人仍须提供保险保障，有鉴于此，两者对被保险人范围的规定如出一辙。而我国台湾地区"强制汽车责任保险法"第9条第2款规定："本法所称被保险人，指经保险人承保之要保人及经该要保人同意使用或管理被保险汽车之人。"我国台湾地区与大陆地区，附加被保险人的范围实质上是一样的，都是经被保险人允许使用机动车的人。

3. "从人原则"的可行性

采用何种原则来确定附加被保险人的范围，密切关系到受害人、被保险人及投保人的利益。比较上述两种原则，从保障受害人及社会公众利益方面而言，从车原则较可采。因为驾驶人无论是有权或无权驾驶机动车造成交通事故需承担赔偿责任时，保险人都要承担给付义务，从而受害人能够得到足够保障。但是弊端也是非常明显的，未经记名被保险人允许而驾驶机动车的人可能与记名被保险人无任何关系，如盗窃者。其结果是：对保险人而言，风险承担的可能

---

[1] 我国《机动车交通事故责任强制保险条例》第42条第2款规定："被保险人，是指投保人及其允许的合法驾驶人。"

[2] 中国保险行业协会2012年最新《机动车辆商业示范条款》第22条规定："保险期间内，被保险人或其允许的合法驾驶人在使用被保险机动车过程中发生意外事故，致使第三者遭受人身伤亡或财产直接损毁，依法应当对第三者承担的损害赔偿责任，保险人依照本保险合同的约定，对于超过机动车交通事故责任强制保险各分项赔偿限额的部分负责赔偿。"

性增加，因为此类驾驶人在驾驶机动车时必然不会尽到注意义务，交通事故的发生几率增大；对投保人而言，使用人未得允许就使用机动车而导致交通事故发生，事故会被记录在投保人名下，因为有违章记录存在，在之后的投保中将无法享受保险费的优惠。从保险人控制风险和投保人投保优惠的角度而言，从人原则较为恰当，而且此原则并没有背弃受害人保护的宗旨。观诸各国立法例，在机动车方面存在特殊制度，如特别补偿基金（我国称为道路交通事故社会救助基金）。该制度设计在于：如果受害人在发生交通事故后无法自保险人处得到应有赔偿金，该基金会进行补偿。所以，在采用从人原则的前提下，对于因受未经记名被保险人允许而使用机动车致害的受害人，仍然可以得到救济。

由上而知，在各国保险立法例确定特别补偿基金制度来周延保障受害人的前提下，"从人原则"能够更好地实现保险人控制风险、受害人利益保障以及投保人免受损害的目的，所以，此原则应成为确立附加被保险人范围的最佳选择。

（三）附加被保险人约款解释问题

1. 解释问题之一："允许"问题

英美法系国家称附加被保险人条款为"统括条款"（the omnibus clause）。[1] 责任保险保单通常至少会列出一名被保险人的姓名，然后以描述法注明其他被保险人，后者通常是与记名被保险人存在某种关系的一类人，这种同时以列举法和描述法指出被保险人的条款即为"统括条款"。"统括条款"是对"被保险人"这一用语的界定，广泛适用于机动车第三者责任险。

"统括条款"典型的法律要求是：在车主所购买的责任险保单中，被保险人的定义涵盖任何"得到记名被保险人明示或默示同意"而使用机动车的人。[2]在特定情形下，"统括条款"的潜在目的往往是具有决定性意义的，决定着被允诺人使用机动车是否能被保单所涵盖。诚如美国学者所言："统括条款之存在，其目的在于将经许可的机动车驾驶人作为未记名被保险人并承保其导致的

---

[1]　李娟：《论机动车强制责任保险的附加被保险人》，载《湖北警官学院学报》2012年第7期。

[2]　[美]小罗伯特·H·杰瑞、道格拉斯·R·里士满：《美国保险法精解》，李之彦译，北京大学出版社2009年版，第147页。

机动车事故责任，这样可使机动车事故受害者具有起诉保险人的诉因，从而在法律上保护受害者。"[1]

"统括条款"问世以后，引发了大量的诉讼。最常见的争议点是：驾驶人使用机动车时是否得到了记名被保险人的允许。之所以赋予记名被保险人"允许权"让其进行第一次筛选，立意在于：在利己心的驱使下，记名被保险人多半不想因为交通事故的发生而导致机动车损毁，因而定会审慎思考欲向其借车或租车者是否为不合适的驾驶人；可获被保险人允许使用机动车的人，势必为肇事风险不高之人，因而可降低肇事的可能性。故立法者似乎想通过"所有人允许与否"的做法过滤掉不合适的驾驶人，从而减少事故的发生。然"允许"的解释及种类多变，机动车驾驶人是否已经获得允许而成为附加被保险人，存在诸多分歧。对此问题，归纳而言，主要存在三种解释方法[2]：①从宽解释法。只要记名被保险人当初允许他人使用机动车，随后任何使用该机动车的行为都在保单保障范围之内，即便后来的使用者违反了被保险人当初明确的使用限制。②保守解释法。此种解释方法不仅要求驾驶人证明用车是在被允许的时限范围内，而且要求驾车人证明实际使用是在被保险人准许的使用用途范围内。在适用该规则时，初次允许的广度及限制会给予重要考虑。③轻度背离规则。它的含义是：如果使用人对车辆的使用偏离了记名被保险人的授权，但尚未构成严重违反的话，仍可算在允许范围内。换句话说，偏离授权的程度有限的话，保险人不能拒赔；但偏离得比较厉害，就不会有保障。

比较三种规则，各有优劣。从宽解释法的理论基础是"统括条款"设计的目的不仅在于保护那些由于机动车的过失驾驶而受到伤害的人，而且在事故发生的时间及地点上，要求每个案件都去判定驾驶人是否按指定的目的使用机动

---

[1]　[美]肯尼斯·S·亚伯拉罕：《美国保险法原理与实务》，韩长印等译，中国政法大学出版社 2012 年版，第 638 页。

[2]　文中提到的三种解释方法，又可称为"放任说"、"严格说"和"折中说"。主要参考 [美]小罗伯特·H·杰瑞、道格拉斯·R·里士满：《美国保险法精解》，北京大学出版社 2009 年版，第 148 页；刘宗荣：《新保险法：保险契约法的理论与实务》，中国人民大学出版社 2009 年版，第 321—322 页；Larry I. Ashlock, *Automobile Liability Insurance: The Omnibus Clause, Iowa Law Review*, Vol.46,1960,pp.103-107.

车也是不现实的。[1] 从宽解释法为法院提供了明确的指导，它倾向于减少诉讼耗时并期望为当事人取得实质正义。[2] 但这种方法流于浮滥，保险人承担的风险太大，备受批判。保守解释法能够使保险人控制风险，但过分拘谨，经允许而使用机动车的人，稍有不慎，就会丧失附加被保险人身份而得不到保险的保障，于己于人，均甚不利。比较而言，轻度背离规则最接近记名被保险人的意图和保险人考虑到的风险。[3] 一方面，尽量增加受补偿事故受害人的数量是好事，因此有必要将被保险人的允许尽量从宽解释；但另一方面，将保单扩大得太过分，把被保险人命令禁止的行为（通常是高危行为）也都囊括进来，这样做却是坏事，因为这会使得所有被保险人都要承担不公平的高成本，对那些很好地控制车辆使用范围的被保险人尤其不公平。[4] 轻度背离规则在彼此冲突的目标之间找到一个居中平衡点，但执行起来仍有许多不确定性。在适用该规则时，记名被保险人做出允许的情形非常重要，因为结论要依赖于偏离允许的程度，故切莫僵硬化，应基于个案的事实状况，做弹性判断。

在适用"统括条款"时，有一个反复出现的所谓"辗转允许"问题。即经记名被保险人允许使用机动车的人，常又允许第三人使用机动车。机动车所有人以外有权使用、管理被保险机动车的人，能否为间接允许？若可以，实务上应如何判定辗转允许的范围？针对这些问题，没有相关规定及法条，致使解释与适用上迭生困难，学界对此的观点也界若鸿沟。[5]

第一，从宽解释法。将记名被保险人首次做出的许可延伸到第二受权人身上，而不管记名被保险人的意愿是不是要限制许可范围。例如，父母在允许儿子驾车时，明白地告诉他不能让其他人开这辆车，但儿子还是这样做了；法院

---

[1] See Larry I. Ashlock, *Automobile Liability Insurance: The Omnibus Clause, Iowa Law. Review*, 104 (1960).

[2] See Larry I. Ashlock, Automobile Liability Insurance: The Omnibus Clause, *Iowa Law. Review*, 104 (1960).

[3] See Larry I. Ashlock, Automobile Liability Insurance: The Omnibus Clause, *Iowa Law. Review*, 107 (1960).

[4] [美] 小罗伯特·H·杰瑞、道格拉斯·R·里士满：《美国保险法精解》，北京大学出版社 2009 年版，第 148 页。

[5] 对该问题的讨论，主要参考 [美] 小罗伯特·H·杰瑞、道格拉斯·R·里士满：《美国保险法精解》，北京大学出版社 2009 年版，第 150—156 页；刘宗荣：《新保险法：保险契约法的理论与实务》，中国人民大学出版社 2009 年版，第 323—325 页。

认为儿子的行为是有适当授权的，理由是："儿女们从事会违反父母的指示，让其他人开车，这就跟他们总是不听父母的教导，总是要超速一样，或者总是要偏离旅行目的一样。"[1]

第二，保守解释法。记名被保险人向第一受权人做出的许可并不能授权其向第二个受权人做出授权。仅记名被保险人享有允许权，这样处理的理由是：保险人虽然预见到记名被保险人会授权他人使用机动车，也允许记名被保险人有这样的裁量权；但其不愿承担更多的风险。

第三，根据具体的案情来具体处理，切莫公式化。如果记名被保险人允许第一个受权人让其他人使用机动车，那转授权就没有问题，第二个受权人的行为可以得到赔付。但要是第一次授权的目的只是允许某人临时使用车辆，该受权人的转授权行为便构成对授权的"重大偏离"，是得不到保险保障的。

上述三种观点，第三种处理方式更为可取。很明显，问题的关键是记名被保险人所做出的授权范围有多大。第二个受权人能否成为"附加被保险人"的范围，应分情况来讨论：

其一，记名被保险人"明示允许"第一个受权人可以将机动车提供给他人使用。在这种情形下，第二个受权人使用机动车时，就具有附加被保险人的身份。

其二，记名被保险人"明示禁止"第一个受权人将机动车提供给他人使用。此种情形下，第二受权人驾驶机动车纵使得到第一受权人的允许，仍不具有附加被保险人身份。这是一般原则，存在例外情形：

第一，为记名被保险人或第一受权人的利益而辗转允许。如果第二受权人使用机动车是为记名被保险人或第一受权人的利益，第二受权人已属于默许范围之内，应该适用保单中的"统括条款"。特别是发生紧急状况，使得第一个受权人无法驾驶机动车时，便出现了"默示授权"，受权人的受权人可以得到保险保障，哪怕记名被保险人不允许任何其他人驾驶机动车。[2]

第二，记名被保险人已另外"默示允许"第三人使用。虽然记名被保险人为明示禁止，但是明知第一个受权人还是会违反其禁止约定而将机动车提供给第三人驾驶，仍同意第一受权人继续占有并使用机动车，解释上记名被保险人

---

[1] United Services Auto. Ass'n v. Nat'l Farmers Union Prop. & Cas., 891 P. 2d 538, 541 (N. M.1995).

[2] State Farm Mut. Auto. Ins. Co. v. Geico Indem. Co., 402 S. E. 2d 21 (Va. 1991).

已对第一受权人的转授有"默示允许"，因此，受权人的受权人也纳入附加被保险人的范围。举例来看，舍友的父亲是车主，舍友偶尔周末借父亲的车用一下，而父亲明示禁止将机动车借给别人使用，假设舍友经常让自己的朋友驾车一起去别的地方，也告诉过父亲，父亲还是将车交给自己的儿子。在这种情况下，即存在"默示允许"，第三人仍可得到保险保障。

其三，记名被保险人对第一受权人有"概括允许"或"自由支配"机动车表示。在多数情形下，记名被保险人是不会明确说明是否允许转授权的。很难想象，在第一受权人向记名被保险人借车时，记名被保险人会表示"你不得将机动车借给其他人驾驶"。但是，如果记名被保险人对第一受权人的允许为"概括允许"，或是"可以自由支配机动车"，则解释上第二受权人驾驶机动车，也纳入附加被保险人范围。

这是简单三方关系，即只有两个受权人情形下的处理方式。可是现实的情形可能会复杂得多。如果第二受权人又允许第三受权人使用机动车，那第三受权人能否成为附加被保险人呢？针对此问题，本书认为，附加被保险人范围不断扩大，会致保险人担负过多非其所应担负的责任。对此，应限缩"附加被保险人"的解释，不再扩大其范围来保障受害人，而应着眼于平衡保险人的利害关系。正如美国怀俄明州最高法院在 May 案[1]判决中指出的那样："……仅以所有机动车驾驶人都能得到承保更可取为理由，而认为适用于一个人的责任保险同时应当适用于其他人的观点实属异想天开。无论在情理上还是法律上都得不到支持。所以，缺少记名被保险人明示或默示授权，有概括同意的第一个被允诺人的被允诺人不能再对第三被允诺人授权使其成为附加被保险人。"[2]

2. 解释问题之二："合法"问题

我国机动车第三者责任险分为机动车商业第三者责任险与机动车强制责任险。两者都将附加被保险人的范围界定为"投保人所允许的合法驾驶人"。与其他国家或地区的保险立法例相比，我国将附加被保险人范围进一步限定为"合

[1] Wyoming Farm Bureau Mutual Insurance Co.v. May, supra, 434p.2d at 511-512，转引自[美]肯尼斯·S·亚伯拉罕：《美国保险法原理与实务》，韩长印等译，中国政法大学出版社2012年版，第644页。

[2] See June M. Austin, *Permissive Use Under the Omnibus Clause of the Automobile Liability Policy, Insurance Counsel Journal*, 61(1962).

法"驾驶人。"合法"应如何解释,我国立法未有配套规定。由此而知,除前文述及"允许"的解释困境外,我国机动车第三者责任险更面对"合法"解释的难题。更有其者,如此未区分机动车强制责任险与机动车商业第三者责任险的差异而对附加被保险人做出相同规定是否妥当?

"合法"一词的具体内涵,必须予以明确,因为这关乎驾驶人承担的损害赔偿责任能否得到保险人的给付。从字面解释来看,"合法"一词至少应该包含四层含义:①主体合格,即驾驶人必须依法通过相关考试获得驾驶资格;②手段合法,机动车使用人通过合法手段得到机动车的使用权,即记名被保险人的许可,这是相对于盗窃、抢劫等不法手段而言;③目的合法,即机动车使用人在使用机动车时,应用于合法目的;④使用方式合法,即使用人按规章驾驶,不存在道路交通违法行为。[1]我国机动车第三者责任险规定的"合法"驾驶人,应属于上述哪种含义的"合法",还是兼而有之?对此问题,只有正确理解机动车商业第三者责任险与机动车强制责任险的独特性,掌握其差异,才能避免分歧、混乱和纠纷。

古罗马塞尔休斯(Celsus)言:"法律解释不是拘泥于文字,而是要实现其意义和目的。"尽管机动车商业第三者责任险保障投保人之外经允许使用机动车的人,但主要目的还在于对投保人提供保障,使其免于承担损害赔偿责任而遭受损失,所以该险种是为自己利益(投保人自己)兼为他人(附加被保险人)利益而创设的保险。在实务中,保险人为防止自身承担负担过重,必然不会为所有驾驶机动车的人提供保障,期望投保人的保险能够为所有驾驶人提供保障也是不现实的。机动车商业第三者责任险应着眼于如何平衡保险人控制风险与被保险人利益保障来解释附加被保险人的范围。因此,"合法"一词应从严解释,必须符合上述四层含义,保险人才需承担保险责任。

但是,于机动车强制责任险中,一切制度的构建均围绕保障机动车交通事故受害人的目的,受害人的损失获得填补,投保人需承担的损害赔偿责任会得以减免,所以,其是一种为他人兼为自己利益的保险。为保障交通事故受害人,在附加被保险人的定义方面,如果沿袭机动车商业第三者责任险的思维定式,必然会限制受害人的受偿范围。所以,机动车强制责任险立法不应过多限制附

---

[1] 李青武:《机动车责任强制保险制度研究》,法律出版社 2010 年版,第 87 页。

加被保险人的范围，否则，很多受害人在遭受损害之后可能得不到补偿。由此推之，在机动车强制责任险中要求附加被保险人为"合法"驾驶人，符合"合法"的四层含义，并不具有正当性，对于"合法"一词要从宽解释。当然并不是说要否定上述四层含义，只是有些条件无须满足。首先，"主体合格"是驾驶机动车的必要条件，未取得合格驾驶执照的人无论如何不能驾驶机动车。关于此点，美国无论于保险实务或判例上均已形成定则：投保人若允许无驾驶执照或合格驾照的人使用被保险机动车，对因而发生的交通事故所致的损失自负其责。[1] 其次，虽说机动车强制责任险为保障交通事故受害人，各国立法例中，莫不以扩大附加被保险人的范围，以求赋予受害人更为周全的保障。然而，机动车强制责任险中附加被保险人的范围，不必然扩及"无权使用管理机动车之人"[2]，所以，"手段合法"仍应满足。最后，记名被保险人在驾驶机动车时都有可能存在目的违法或使用方式不当等不合法的情形，可被保险人的身份并不会因此丧失；此外，记名被保险人对允许的驾驶者是否会合法驾驶未有预见性。所以，在机动车强制责任险中，记名被保险人允许的机动车驾驶者即使有违章驾驶行为，保险人仍须赔偿，并不以"目的合法"和"使用方式合法"为要件。我国《机动车交通事故责任强制保险条例》第 22 条的规定[3] 也印证了上述观点，对于"主体不合格"或"手段违法"的机动车驾驶者造成的交通事故，保险公司不承担赔偿责任；而对于"目的违法"或"使用方式违法"的驾驶者，立法并未予以排除而列为除外不保事项，此类机动车驾驶者仍可作为附加被保险人而受到保险保障。

我国未区分机动车商业第三者责任险与强制责任险的区别，而对附加被保险人做出相同的规定，实乃欠妥之举。在机动车商业第三者责任险中，应容许保险人对附加被保险人的范围做适当的管控，无论在承保范围的设计上还是维护对价平衡原则上均有必要。因此，附加被保险人的范围限于"记名被保险人允许的合法驾驶人"，而且"合法"一词要从严解释。但于机动车强制责任险中，

---

[1]　施文森、林建智：《强制汽车保险》，元照出版有限公司 2009 年版，第 44 页。

[2]　施文森、林建智：《强制汽车保险》，元照出版有限公司 2009 年版，第 115 页。

[3]　我国《机动车交通事故责任强制保险条例》第 22 条规定："有下列情形之一的，保险公司在机动车交通事故责任强制保险限额范围内垫付抢救费用，并有权向致害人追偿：（1）驾驶人未取得驾驶资格或者醉酒的；（2）被保险机动车被盗抢期间肇事的。有前款所列情形之一，发生道路交通事故的，造成受害人的财产损失，保险公司不承担赔偿责任。"

为贯彻保障受害人的立法目的，需对"合法"进行从宽解释，"合法"仅限于"主体合格"和"手段合法"，"目的合法"或"使用方式合法"要件并不需要满足。

综上，我国机动车第三者责任险中有关附加被保险人的规定，可谓"简单明了"，在内容上仅有只字片语，使得理论和实务问题迭生。在理论上，解释上的分歧致使对附加被保险人范围的认定，观点分歧，莫衷一是；在实务中，"允许"、"合法"词义的多变性，加上实际情况的复杂性，导致认定困难，纠纷不断。因此，关于机动车第三者责任险附加被保险人制度的修改，仍须实务界和理论界深入研究。

第三节　大规模侵权责任保险之特殊群体：受害人

与其他保险合同相比较，责任保险合同的特殊性在于其保险标的为被保险人对受害人承担的损害赔偿责任。因此，除保险合同的当事人——保险人和投保人外，它还包括一个重要的人：因被保险人的行为而受到侵害的受害人。受害人并非保险合同的当事人，因此他对大规模侵权责任保险合同的订立并没有任何的意思表示。如果恪守"一项契约不得对非契约的当事人之他人授予权利"的合同相对性原则，受害人的利益可能无法获得足够的保障。

一、大规模侵权责任保险中受害人之内涵

责任保险是第三方保险，必须有第三人的存在。大规模侵权责任保险中的受害人，专指责任保单约定的当事人和被保险人以外的，对被保险人享有赔偿请求权的受害人。因被保险人而受到损害的第三人，并非大规模侵权责任保险约定的权益的直接承受者。

应特别注意区分的是，大规模侵权责任保险合同的受害人和人身保险合同中的受益人。受益人是指人身保险合同中由被保险人或者投保人指定的享有保险金请求权之人。二者均未参与保险合同的订立过程，且在合同中只是享有利益，而不承担义务。但他们之间的区别还是十分明显的：[1]①受益人在人身保险合同的订立之际，其姓名、性别、年龄、住址及其与被保险人的关系等诸项

---

[1]　樊启荣：《保险法》，北京大学出版社 2011 年版，第 151 页。

因素已被特别化；而责任保险中的受害人在订立责任保险合同时，仅"以因被保险人的致害行为而受损失"为抽象的界定，并不特定，只有在被保险人致人损害的事故发生时，受害人才得以特定。当然，这种抽象界定的程度因所承保危险种类的不同而有差别，一般而言，以侵权损害赔偿责任为承保危险的，受害人具有绝对性，范围很广；而以违约损害赔偿责任为承保危险的，受害人具有相对性，范围狭小。②受益人的地位因投保人或被保险人的意思表示而有发生变动的可能；而因损害事故发生得以特定的受害人，其地位不受投保人或被保险人的意思表示的影响。

在大规模侵权责任保险合同中，受害人因责任保险的类别不同而有所差异，但都仅以被保险人享有损害赔偿请求权为限。[1]如果责任保险以被保险人对第三人的侵权损害赔偿责任为承保的危险，受害人以对被保险人享有侵权损害赔偿请求权的人为限。例如，公众责任险的受害人，为被保险人应当承担赔偿责任的受害人，但不包括雇佣的员工以及正在为被保险人提供服务的人。如果责任保险以被保险人对第三人的违约损害赔偿责任为承保的危险，受害人则以被保险人享有违约请求权的人为限。例如，雇主责任保险的受害人，限于被保险人所雇佣而应当由被保险人承担赔偿责任的员工；非被保险人所雇佣的员工因为被保险人的行为或其雇员的行为受害的其他第三人，不属于雇主责任保险的受害人。如果责任保险合同对所承保的危险未加约定，则责任保险的受害人既可以是因被保险人违反合同而享有赔偿请求权的人，也可以是因为被保险人侵权而享有赔偿请求权的人，例如，专家责任保险合同中的受害人限于因被保险人的专家过失行为而受害的人，不仅包括与被保险人有契约关系而受害的当事人，而且包括与被保险人没有契约关系而受害的非当事人。[2]

大规模侵权责任保险合同的受害人的范围可因合同约定或法律规定而有所限制。例如，机动车责任保险的第三人为交通事故的受害人，但机动车责任保险合同一般约定，被保险人的家庭成员、被保险机动车上的成员、被保险机动车承运的旅客，因被保险的机动车发生交通事故受害的，保险人不承担保险责任。关于法律规定对受害人的限制，最常见的是为防止诱发道德危险，将被保

---

[1]　刘金章、刘连生、张晔：《责任保险》，西南财经大学出版社 2007 年版，第 107 页。

[2]　邹海林：《责任保险论》，法律出版社 1999 年版，第 226 页。

险人的配偶不作为责任保险的第三人。如美国《纽约州保险法》第 3420 条第 9 款规定："任何责任保险单或合同均不得视为承保被保险人因其配偶死亡或伤害，或其配偶财产的损坏或灭失而发生的责任，除非保险单对之有特别明文约定。"该项除外不保应当仅适用于受害的配偶必须证明因可归责于被保险人的配偶的行为而有权请求赔偿损害的场合。

二、坚守"合同相对性"下大规模侵权责任保险之法律关系

受合同相对性理论的影响，大规模侵权责任保险的关系一直固守"分离原则"，保险关系存在于保险人和被保险人之间，受害人和保险人之间无任何的权利义务可言。

（一）合同相对性的基本原理

合同具有相对性，是合同法的一项古老原则。合同相对性认为，只有合同当事人才能享有权利或者承担义务；合同当事人以外的任何人既不享有合同上的权利，也不得使之承担合同上的义务。合同关系的相对性主要表现在以下几个方面：[1]

1. 主体的相对性

所谓主体的相对性，是指合同关系只能发生在特定的主体之间，只有合同当事人一方能够向合同另一方当事人基于合同提出请求或提出诉讼。首先，只有合同关系当事人彼此之间才能相互提出请求，第三人一般不能根据合同向合同当事人提出请求或提起诉讼，为第三人利益的合同除外；其次，合同当事人一方只能向另一方当事人提出合同上的请求或诉讼，而不能向与其无合同关系的第三人提出。

2. 内容的相对性

所谓内容的相对性，是指除法律、合同另有规定以外，只有合同当事人才能享有合同所规定的权利和承担合同所规定的义务，即合同权利与义务只对合同当事人产生约束力。在双务合同中，合同内容的相对性还表现为一方的权利就是另一方的义务，一方的义务就是另一方的权利，权利义务是相互对应的。

---

[1] 王利明、崔建远：《合同法新论总则》，中国政法大学出版社 1996 年版，第 32—36 页。

由于合同内容只涉及合同当事人，因此权利人的权利须依赖于义务人履行义务的行为才能实现。

3. 责任的相对性

所谓责任的相对性，是指违约责任只能发生在合同当事人之间。首先，违约当事人应对自己的违约行为承担违约责任，而不能将责任推卸给他人。其次，在因第三人的行为造成债务不能履行的情况下，债务人仍应向债权人承担违约责任。当然，债务人在承担违约责任后，有权向第三人追偿。再次，债务人只能向债权人承担违约责任，而不能向国家或第三人承担违约责任。

（二）合同相对性的演进与突破

合同关系相对性最早起源于罗马法。在罗马法上，债的"法锁"含义就是指债只能对债权人和债务人有约束力，债本质上是当事人之间的一方请求另一方为给付的法律关系。债的这种性质决定了其没有追及权，只是一种对人权，维护债权的诉讼称为对人之诉。具体到合同法上，罗马法确立了"缔约行为应该在要约人和受要约人之间达成"、"任何人不得为他人缔结契约"等体现相对性的规则。合同当事人为第三人利益缔约只是例外情况。[1] 罗马法确立的合同关系相对性原理为大陆法系国家所接受，如《法国民法典》第 1134 条规定："依法达成的契约，对于缔约的当事人双方具有相当于法律的效力。"《德国民法典》第 241 条规定："债权人因债的关系向债务人请求给付。"

英美法系合同相对性原则的基础是合同对价理论，认为凡是一项允诺应当具有对价作为支持，因而根本否认合同以外的第三人的权利或利益。英国法官哈尔丁曾这样评价合同的相对性原则，"在英国法中，有些原则是基础性的。其中之一就是只有合同的当事人才能就改合同提起诉讼。我们的法律不知道什么是因合同而产生的第三人的权利。"[2] 与英国不同，合同的相对性原则在美国合同法上并不具有显著的地位。早在 19 世纪中期，美国法院就通过判例承认了第三人在合同中的权利。

随着社会经济的发展，为了更好地保护债权人和第三人的合同权益，维

---

[1]　刘金章、刘连生、张晔：《责任保险》，西南财经大学出版社 2007 年版，第 122 页。

[2]　David Oughton & Martin Davis, *Sourcebook on Contract Law*, Cavendish Publishing Limited, 1996, p.578.

护正常的社会经济秩序，现代大多数国家或地区的立法对合同关系相对性规则进一步有所突破，这主要表现在以下几个方面：[1] ①逐渐承认为第三人利益的合同；②合同履行的保全制度逐渐完善，使债权人在一定条件下通过行使代位权、撤销权以对抗第三人；③债权人不可侵害理论的创立，使债权效力扩张到一切侵害债权的人，即第三人故意以损害他人债权为目的，妨碍债务人履行债务时，债权人可对第三人提起侵权损害赔偿之诉；④租赁权的物权化，使租赁权具有对抗第三人的物权效力。

（三）合同相对性原则下大规模侵权责任保险之关系结构

在大规模侵权责任保险中，除保险人和被保险人外，还包括受害人。这三者之间的权利义务关系受"合同相对性"原则的影响，保险关系存在保险人和被保险人之间，责任关系存在于被保险人和受害人之间，责任关系和保险关系严加分离，保险关系与责任关系各自独立，此乃责任保险法制之"分离原则"[2]，"分离原则"是合同相对性原则下的副产品。

依照"分离原则"构造的大规模侵权责任保险关系，优点在于法律关系明确，但在大规模责任保险具体制度构建时，过于固守该原则的结果，必将造成大规模侵权责任保险制度在实务运作中问题迭出。

1. 对受害人保护不周

依据"分离原则"，由于受害人与保险人间并无直接关系存在，所以，受害人如果想要自被保险人的责任保险金中获得赔偿，就必须先由被保险人领取保险金后，再将此保险金给付予受害人。据此，如果被保险人受领保险金后，并未将保险金给予受害人而是挪作他用，或让被保险人的其他债权人扣押，则受害人仍无法因被保险人投保责任保险而获得赔偿。再者，受害人向被保险人求偿时，因被保险人的侵权责任尚未确定，被保险人此时如果没有赔偿资力，纵使有意赔偿受害人，也无法请求保险人给付保险金，致使受害人无法获得及时的补偿。由此可知，在"分离原则"限制下，被保险人纵使有投保大规模侵权责任保险，受害人多数情况下也无法顺利从保险金中获得应有赔偿。

---

[1] 刘金章、刘连生、张晔：《责任保险》，西南财经大学出版社 2007 年版，第 122 页。

[2] [德] 格哈德·瓦格纳：《比较法视野下的侵权法与责任保险》，魏磊杰、王之洲、朱淼译，中国法制出版社 2012 年版，第 111 页。

2. 大规模侵权责任保险的实质目的无法达成

大规模侵权责任保险的主要目的在于使被保险人在对受害人依法应负赔偿责任，而受到赔偿请求时，得以投保大规模侵权责任保险的方式，脱离此种不利状态，以避免其财产因责任事故的发生而受到损失。[1] 然而，因"分离原则"的适用，受害人不能直接向保险人请求给付保险金，受害人无法确实获得保险金的情形常常发生。如此一来，被保险人原先投保大规模侵权责任保险以求免除受害人的损害赔偿请求权的目的无法达成。

3. 徒增手续烦扰，收支繁复

在"分离原则"下，大规模侵权责任保险的理赔是迟滞的、无效率的。无论是由被保险人先对受害人履行赔偿义务再向保险人请求给付保险金，还是被保险人由保险人获得保险金后，再以此保险金对受害人为损害赔偿，金钱移动的过程虽有不同，但保险金最后都是由保险人支出而归于受害人。如果被保险人受领保险金之后，果真向受害人进行赔偿，一来一往，必会使手续烦扰、收支繁复。诚如有学者总结指出："受害人不得直接请求保险人给付，仅得向被保险人请求损害赔偿，被保险人赔偿后再向保险人请求给付保险金，形成辗转或迂回请求之弊病。"[2] 同时，这种迂回请求也将造成时间上的迟延，而迟延对受害人而言必会产生经济上的困顿，毕竟"迟来的正义，非正义也"。

综上，以"分离原则"为基础构建的大规模侵权责任保险法制，不仅手续繁复，而且根本无法满足受害人和被保险人及时救济的需求。为了及时救济受害人，大规模侵权责任保险应突破"合同相对性"原则下的"分离原则"的限制，赋予受害人对保险人之直接请求权，合同相对性原则的松动奠定了受害人直接请求权的理论基础。

三、突破"合同相对性"下受害人之特殊权利：直接请求权

大规模侵权责任保险产生的原因在于被保险人无法承担可能面临的巨额赔

---

[1]　林铭龙：《论受害人之直接请求权与我国法制上之适用疑义——以不健全保险关系下为中心》，台北大学法研所硕士学位论文，2003年，第10页。

[2]　林勋发：《强制汽车责任保险改革刍议》，台湾《保险法论著译作选集》，1991年，第178—179页。

偿责任，因而被保险人通过缴纳一定的保险费的方式将风险转移，由保险人承担对受害人的赔偿责任。如果受害人在责任保险合同下无任何权利，特别是在被保险人失去清偿能力，而受害人不能直接向保险人请求赔偿时，大规模侵权责任保险的功能也就无法发挥。实践中的矛盾要求有理论上的突破，合同相对性原则在这种情势下已经有了相当程度的演变和发展，某些大规模侵权责任保险已经突破合同相对性，赋予受害人直接请求权。

所谓"直接请求权"，是指受害人可以直接向被保险人为免于负担损害赔偿责任而投保责任保险的保险人，请求给付责任保险金的权利。[1] 所示关系如下图：

直接请求权的规定，解决了严格采行"合同相对性"所可能产生的缺失，不仅可避免被保险人领取保险金后挪作他用或遭其他债权人扣留的疑虑，而且可减少移转保险金手续的繁杂。此外，受害人是立于主动的地位，可避免被保险人的要挟。将请求保险金的权利直接赋予受害人，不失为一种妥适方式。赋予受害人直接请求权的意义主要表现在以下两个方面：

第一，有利于保护受害人的合法权益。在大规模侵权责任保险产生之初，其核心理念和价值追求在于分散企业或个人可能面临的大规模侵权责任风险，即以填补企业或个人对受害人承担的赔偿责任而遭受的损失为基本目的。从这个意义上讲，形成之初的大规模侵权责任保险为纯粹的损失填补保险。但是随着责任保险理论的进一步发展，无论在理论上还是在实务上，责任保险正在日益弱化其保护被保险人的目的，发展的结果使得责任保险具有并强调保护受害人的利益。随着责任保险覆盖面的拓宽和法律社会化运动的深入，责任保险成为受害第三人甚至整个社会利益获得保护的重要手段。在大规模侵权责任保险中，受害人需要保护的利益需求更为强烈。如果受害人无直接请求权，那么，

---

[1] 林新裕：《汽车责任保险受害人直接请求权权之探讨》，政治大学风险管理与保险学系硕士学位论文，2003 年，第 45 页。

在被保险人无足够资力赔偿受害人的情形下，受害人的利益根本无法得到实现。因此，赋予受害人直接请求权，让其直接向保险人请求给付保险金，可以实现受害人受损权益的快速救济。

第二，方便第三人索赔并减少诉讼成本。按照"合同相对性"理论构建的理赔程序，在大规模侵权责任保险合同中，被保险人要先向保险人请求赔偿保险金，而后将取得的保险金给付受害人。这样一来，受害人取得保险赔偿金就需要经过两道程序，不仅不利于受害人索赔，而且增加了诉讼成本，造成了诉讼资源的浪费。相比之下，如果赋予受害人直接请求权，那么受害人不必考虑被保险人的因素，可以直接向保险人行使保险金给付请求权，这样一来，不仅方便了受害人的索赔，而且减少了诉讼成本，避免了诉讼资源的浪费。

受害人可以向保险人直接请求给付保险金的规定，在各国立法例中非常多见，只是各国的规定并不相同，主要存在三种立法模式：

第一种立法例模式，仅在特殊责任保险中规定直接请求权，如德国、日本等。在德国保险法制中，明文赋予受害人直接请求权，开始出现于1965年的汽车强制责任保险中，在第3条第1款中规定："在保险人依保险关系的给付范围内，第三人得对保险人行使损害赔偿请求权，保险人应以金钱为损害赔偿。"在日本法制中，受害人直接请求权是规定在1955年7月制定的《自动车损害赔偿保险法》中，第16条第1项规定："保有人发生损害赔偿责任时，受害人得依政令所定，在保险金额限度内，对保险公司请求支付损害赔偿额。"日本在《自动车损害赔偿保险法》中创设受害人直接请求权的主要目的，也是在于使受害人迅速、确实地获得保障及救济，所以，汽车持有人肇事应对受害人负损害赔偿责任时，受害人可行使此项权利。

第二种立法例模式，在一般责任保险中规定直接请求权，但仅在条件成就时，受害人才享有此权利，代表国家为英国。英国于1930年并于2010年修订的《第三人（对承保人的权利）法案》[*The Third Parties (Right Against Insurers) Act*] 第1条第1项明文规定"法定代位权利"，其规定："当一个人（1）就对第三方产生的责任进行了保险；（2）自己破产或与债权人达成和解协议或安排时，因对第三方承担责任而享有的对承保人的权利'移转授予第三方'。"[1]
由此而知，该直接请求权的行使受到诸多限制：首先，只有在被保险人出现破产或清算的情形时，受害人方能向保险人行使直接请求权；其次，"移转授予第三方"的表述表明，受害人只是处于被保险人的地位，他的权利受到保险人在被保险人诉讼中可能提出的抗辩的限制。诚如克拉克教授所言："第三方所得的就是过错者所有的保险。"[2]

第三种立法例模式，在强制责任保险和保险法中均规定直接请求权，如我国台湾地区。我国台湾地区早在 1998 年颁布施行的"强制汽车责任保险法"中就已规定直接请求权制度。第 28 条规定："被保险汽车发生汽车交通事故时，受益人得在本法规定的保险金额范围内，直接向保险人请求给付保险金。"而后在 2005 年对其进行修正，删除第 28 条规定而将直接请求权规定在第 7 条中，它规定："因汽车交通事故致受害人伤害或死亡者，不论受害人有无过失，请求权人得依本法规定向保险人请求保险给付或向财团法人汽车交通事故特别补偿基金请求补偿。"在 2001 年修正保险法之前，直接请求权制度并未在保险法中出现，直至强制汽车责任保险法明文赋予受害人直接请求权后，始于 2001 年修正的"保险法"第 94 条对此进行规定，"保险人于第三人由被保险人应负责任事故所致之损失，未受赔偿以前，不得以赔偿金额之全部或一部分给付被保险人。被保险人对第三人应负损失赔偿责任确定时，第三人得在保险金额范围内，依其应得之比例，直接向保险人请求给付赔偿金额。"[3]

综上，从各国和地区立法例来看，直接请求权——作为受害人直接向保险人提出的请求权——仅在法律明文规定时才被允许，而且只在特殊的责任保险——强制责任保险中，受害人才享有无条件直接请求权，在其他的商业责任保险中，直接请求权仍是一种局部性的、碎片性的、零星的改革，仅在被保险人无力清偿或破产时，受害人才享有直接请求权，在其他情形出现时，受害人利益仍难以及时救济。对此，有学者曾言："彻底否定'分离原则'，既是对

[1] [英]M·A·克拉克：《保险合同法》，何美欢、吴志攀等译，北京大学出版社2002年版，第143页。

[2] [英]M·A·克拉克：《保险合同法》，何美欢、吴志攀等译，北京大学出版社2002年版，第146页。

[3] 施文森、林建智：《强制汽车保险》，元照出版有限公司2009年版，第144页。

债的相对性原则的背离，也是对私法自治的过度干预，缺乏充分的法理依据。责任保险与民事赔偿责任本属不同的法律关系（债的关系），非因重大事由（如对特殊社会群体之保护），其各自独立性和债的相对性不宜轻率否认，当事人的合意也应受尊重。"[1]

---

[1]　温世扬：《"相对分离原则"下的保险合同与侵权责任》，载《当代法学》2012 年第 5 期。

第四章　大规模侵权责任保险合同之内容

　　大规模侵权责任保险合同的内容，包括合同的当事人、双方的权利义务、保险标的和金额等，其中各方的权利和义务是最主要的内容部分。大规模侵权责任保险合同的内容，通常是由投保人和保险人依法订立的，以各种条款来具体反映。因此，可以说，大规模侵权责任保险合同的内容就是大规模侵权责任保险合同的条款。由于在大规模侵权责任保险合同中涉及诸多条款内容，本章将选择其中比较重要的条款内容展开论述。

第一节　责任保险合同条款之基本认识

一、保险合同条款之概述

　　保险条款是指由保险人拟定的，有关不同种类保险投保人和保险人权利义务及相互关系的具体规定。它一般具有以下几个基本特征。

（一）保险合同条款是由保险人事先拟定的，普遍使用格式条款

　　保险合同向来就有"读不懂的商品"之称，由于其高度的专业性及技术性，保险合同条款往往晦涩难懂。在保险合同中，不仅涉及众多深奥的保险专业知

识，同时还夹杂着法律、统计、精算、医学、建筑、气象等各行各业的专业知识和词汇。这些术语的专业性和技术性，并非一般投保人所能完全理解的，这在客观上赋予了保险人强势地位。[1] 投保人对于格式条款的内容只能选择"要么接受，要么走开"。投保人如果选择投保，只能按投保单所列项目填妥，经保险人同意后，保险合同成立。由此可知，保险合同不同于那些由当事人逐条协商拟定条款的合同。

（二）保险合同条款一般规定基市事项

因为保险的格式条款是由保险人事先拟制的，他根本不可能知道投保人的特殊要求，因此，投保人的特殊要求，只能在订立合同过程中另行协商确定，然后另订条款。

（三）保险合同条款具有法规性

《中华人民共和国保险法》第 114 条第 1 款规定："保险公司应当按照国务院保险监督管理机构的规定，公平、合理拟订保险条款和保险费率，不得损害投保人、被保险人和受益人的合法权益。"由此可知，保险条款和保险费率的拟订，必须符合保险监督管理机构的相关规定，否则，保险公司就要承担相应的法律责任。保险条款的法规性特征不同于一般合同中双方拟订的条款。

二、责任保险合同条款的基本分类

责任保险合同的条款，是指记载或说明责任保险合同的内容、明确当事人相互之间权利义务关系的条文。原则上，依照契约自由原则，投保人和保险人可以自由约定任何形式的条款，条款的约定是责任保险当事人享有权利和承担义务的基础。但是，责任保险合同也是典型的格式合同，所以，有些条款也是由保险人事先拟制完成的。在理论上，以约定内容的性质为标准，责任保险合同的条款通常可以分为基本条款、特约条款和附加条款。

（一）基市条款

基本条款，又称普通条款或法定条款，是指保险人在事先准备或印就的保

---

[1] 史鑫蕊：《论保险法中"不利解释原则"的适用及其修订》，载《河南金融管理干部学院学报》2005 年第 5 期，第 140 页。

险单上，根据不同险种而规定的有关保险合同当事人双方权利义务的基本事项。它是保险合同的基本内容，是投保人和保险人签订保险合同的依据。一般而言，基本条款包括当事人的姓名和住所、保险标的物、保险事故的种类、保险责任开始时间和保险期间、保险金额、保险费、无效的原因以及订立合同年月日。如《中华人民共和国保险法》第18条第1款规定："保险合同应当包括下列事项：（一）保险人的名称和住所；（二）投保人、被保险人的姓名或者名称、住所，以及人身保险的受益人的姓名或者名称、住所；（三）保险标的；（四）保险责任和责任免除；（五）保险期间和保险责任开始时间；（六）保险金额；（七）保险费以及支付办法；（八）保险金赔偿或者给付办法；（九）违约责任和争议处理；（十）订立合同的年、月、日。"该法条规定的内容即为保险合同的基本条款。

针对保险合同基本条款的上述内容，我国有学者认为责任保险合同的基本条款应该主要包括承保事项、不保事项、理赔事项和一般事项四个方面的条款。用于记载承保事项的条款，主要有当事人条款、诉讼费用负担条款、自负额条款等。用于记载不保事项的条款为除外责任条款，它主要记载不保的危险、不保的财产范围、不保的损失等。用于记载理赔事项的条款主要有事故发生的通知条款、保险责任限制条款、保险给付条款、抗辩与和解的控制条款、保险代位权条款、协助条款等。用于记载一般事项的条款主要有告知义务条款、通知义务条款、复保险责任条款、保单无效条款、保险失效条款、保险合同的变更条款、争议解决条款、法律适用条款等。[1]责任保险合同的基本条款主要规定了各方主体的权利和义务，构成了责任保险合同的基本内容。

（二）特约条款

在保险合同中，保险条款不限于基本条款，当事人可自愿协商，约定其他条款，特约条款就是在基本条款之外由当事人特别约定的条款。如《中华人民共和国保险法》第18条第2款规定："投保人和保险人可以约定与保险有关的其他事项。"特约条款产生的原因在于适应投保人承保风险的多样性、特殊性和变动性以及保险人风险管理的要求。为了强化保险合同效力期间对风险和

---

[1] 邹海林：《责任保险论》，法律出版社1999年版，第156页。

损失控制，当事人有利用特约条款的必要。[1]

特约条款，在英美法上又称保证条款或担保条款，是指投保人或保证人就特定事项担保的条款，即保证某种行为或事实的条款。[2]特约条款主要包括三个方面的内容：①有关保险合同规定的当事人或者关系人之权利的特约；②有关保险合同规定的当事人或者关系人之义务的特约；③有关事实确认的特约。详言之，特约条款一般包括：一是协会条款。协会条款是指保险同业之间根据实际需要，经协商一致而制定的保险合同条款。协会条款目前仅存在于海上保险之中，并专指伦敦保险人协会制定的条款，责任保险合同中还未使用。二是保证条款。保证条款是指投保人或保证人就特别事项担保的条款，即保证某种行为或事实的条款。狭义的特约条款，即指保证条款，保证条款一般由法律规定或同业协会制定，是投保人或被保险人必须遵守的条款，如有违反，保险人有权解除合同或拒绝赔偿。[3]《中华人民共和国保险法》第18条第2款规定："投保人和保险人可以约定与保险有关的其他事项。"由此规定可知，我国责任保险合同也可以约定特约条款。

（三）附加条款

附加条款是指保险合同当事人在合同基本条款的基础上，约定的补充条款，以增加或限制基本条款，由于基本条款通常是事先印在保险单上的，所以，附加条款一般采取在保险单空白处批注或在保险单上附贴批单的方式，使之成为保险合同的一部分。运用附加条款的目的，在于能够适应投保人的多种需求，对于补充保险人已拟定的标准条款具有重要意义。[4]在保险合同中，投保人和被保险人不能单独约定附加条款，只能在基本条款的基础上约定附加条款。有关责任保险所约定的附加条款，有两种形式：①在责任保险的基本条款之外，另外约定承保附加风险的附加条款；②在财产保险的基本条款之外，另外约定承保第三者责任风险的附加条款。例如，建筑工程第三者责任险条款就是建筑工程一切险的附加条款。

---

[1]　桂裕：《保险法论》，三民书局1984年版，第156页。

[2]　樊启荣：《责任保险与索赔理赔》，人民法院出版社2002年版，第92页。

[3]　刘金章、刘连生、张晔：《责任保险》，西南财经大学出版社2007年版，第111—112页。

[4]　李晓青：《责任保险基本条款研究》，武汉大学硕士学位论文，2005年，第4页。

三、大规模侵权责任保险合同之基本条款

责任保险条款，是由保险公司事先拟就的标准条款，尽管因各种大规模侵权责任保险承保的风险不同，具体内容也有所差异，但在条款设计方面却是大致相同的。大规模侵权责任保险条款通常应当规定的基本事项，即为基本条款。它是建立在大规模侵权责任保险自身的特性和责任保险合同条款的共通性基础上的，主要包括以下几个基本条款：

（一）合同构成条款

可具体约定：本保险条款以及保险单约定的其他条款，附加的特约条款、批单、批注以及与本保险有关的投保单，均为本保险合同的组成部分。[1]

（二）当事人及关系人条款

责任保险合同当事人及关系人包括保险人、投保人、被保险人和受害人。责任保险合同的当事人和关系人是合同约定的权利和义务的承担者。明确保险当事人和关系人，对保险合同的正确、及时履行具有十分重要的意义。如中国太平洋财产保险股份有限公司《会计师职业责任保险条款》第2条规定："凡在中华人民共和国境内（不含香港、澳门特别行政区和台湾地区，下同）依照中华人民共和国法律（以下简称'依法'）设立的会计师事务所，均可作为本合同的被保险人。"

（三）保险责任条款

在大规模侵权责任保险中，责任保险人的责任范围，应当包含保险责任和诉讼费用两方面的内容。其中，保险责任即责任保险的保险标的，是指保险人承担的被保险人对受害人的损害赔偿责任，在保险单上通常体现为对保险事故及其相关事项的描述；诉讼费用及其他必要合理的费用也是保险人承担保险责任的重要内容。如中国太平洋财产保险股份有限公司《火灾公众责任保险条款》第3条规定："在保险期间内，在保险单中载明的场所发生火灾、爆炸事故，致使第三者遭受人身损害并向被保险人提出赔偿请求，依照中华人民共和国法律（不含香港、澳门特别行政区和台湾地区法律，下同）应由被保险人承担人

---

[1] 邹海林：《责任保险论》，法律出版社1999年版，第158页。

身损害赔偿责任的，保险人将根据本合同的约定负责赔偿。"紧接着在第 4 条中规定："保险事故发生后，被保险人因保险事故而被提起仲裁或者诉讼的，对应由被保险人支付的仲裁或诉讼费用以及事先经保险人书面同意支付的其他必要的、合理的费用（以下简称'法律费用'），保险人按照本保险合同约定也负责赔偿。"

（四）除外责任条款

除外责任，又称责任免除，是指保险人依照法律规定或者合同约定不负赔偿责任的范围，它的作用在于从反面适当限制保险人的责任范围。因为大规模侵权责任保险存在诸多险种，所以各种责任保险的除外责任的具体内容并不相同。

（五）赔偿限额与免赔额（率）条款

由于大规模侵权责任保险是以被保险人对受害人的侵权损害赔偿责任为保险标的，在订立合同时，保险人根本无法预知被保险人将来可能面临的责任风险到底有多大。出于以往大规模侵权责任风险的经验，大规模侵权行为造成的损失往往数额巨大，受害者人数众多。为了避免因被保险人的巨额赔偿而陷入破产的境地，保险人会在大规模侵权责任保险中规定赔偿限额和免赔额条款，这实际上也是对责任保险人的责任范围的限制。

（六）保险期间条款

保险期间是指大规模侵权责任保险合同的有效期限。保险事故只有发生在保险期间内，保险人才承担保险责任。保险期间通常有两种计算方法：①以年、月、日为计算标准，保险期间从保险合同生效之日起零时计算，合同期满之日 24 时结束；②以某个事件的存续期间为计算标准，保险合同的有效期是以特定的事件的开始日为开始，以该事件的结束为终期，如展览会责任保险是以展览会开始至结束的期间为保险期间。[1]

---

[1]　李晓青：《责任保险基本条款研究》，武汉大学硕士学位论文，2005 年，第 6 页。

（七）投保人、被保险人、保险人义务条款

对于投保人和被保险人的义务而言，责任保险条款主要规定他们必须履行告知义务、交付保险费义务、危险增加的通知义务、防灾减损义务、索赔协助义务，等等。对于责任保险人而言，最主要的是保险金给付义务，这是大规模侵权责任保险最直接的体现，也是大规模侵权责任保险最重要的内容。

（八）抗辩与和解控制条款

在责任保险中，保险人为被保险人和受害人赔偿责任的终局承担者，责任的确定及赔偿数额的多寡都与保险人利益息息相关。因此，为避免被保险人和受害人在赔偿责任确定时的恶意串通损害保险人情形的发生，责任保险条款中一般都会规定保险人对责任关系享有参与权，有关保险人参与权的条款，又被称为抗辩与和解控制条款。[1] 诚如有学者所言："责任保险人于发生保险事故时，其最关心者为被害人无正当根据之请求或超过损害额之请求，因防御这些请求对保险人而言有高度之经济上利害关系。甚至这些请求并非仅被害人为之而已，有时亦有加害人与被害人共谋之情形。为防患此种危险，保险人采取各种对策，其一即为保险人参预权。"[2] 如中国平安财产保险股份有限公司《平安食品安全责任保险条款》第 22 条规定："被保险人收到受害人或其代理人的损害赔偿请求时，应立即通知保险人。未经保险人书面同意，被保险人对受害人作出的任何承诺、拒绝、出价、约定、付款或赔偿，保险人不受其约束。对于被保险人自行承诺或支付的赔偿金额，保险人有权重新核定，不属于本保险责任范围或超出应赔偿限额的，保险人不承担赔偿责任。在处理索赔过程中，保险人有权自行处理由其承担最终赔偿责任的任何索赔案件，被保险人有义务向保险人提供其所能提供的资料和协助。"

（九）争议处理条款

争议处理条款是指发生纠纷之后，如何解决纠纷的方法。根据大规模侵权责任保险条款的规定，争议解决的途径主要有三种：协商、仲裁和诉讼。如中

---

[1] 樊启荣：《责任保险与索赔理赔》，人民法院出版社 2002 年版，第 156—157 页。

[2] 陈荣一：《论我国保险法对责任保险之规定的缺失》，载《责任保险论文菁萃》，第 77 页。

国平安财产保险股份有限公司《平安食品安全责任保险条款》第33条规定："因履行本保险合同发生的争议，由当事人协商解决。协商不成的，提交保险单载明的仲裁机构仲裁；保险单未载明仲裁机构且争议发生后未达成仲裁协议的，依法向中华人民共和国人民法院起诉。"

（十）其他事项条款

其他事项，是指为了使与保险标的有关联的利益能够得到充分的保障，避免因保险而产生消极影响，而在保险条款中所订明的各项规定。[1] 这些规定往往因大规模侵权责任保险的不同而不同。

上述几项条款是大规模侵权责任保险中皆会予以规定和明确的内容，对当事人双方的权利义务意义重大。

第二节　大规模侵权责任保险之合同类型

针对大规模侵权责任保险的实务，保单主要有两种类型：①事故发生基础；②索赔请求基础。前者最为普遍，它是传统式的责任保单形式，但在面对渐进性损害时，它具有致命的缺陷——长尾责任。为了尽可能避免在事故发生多年后提起的不可预测的、冗长的"尾巴"诉讼，在其后的责任保险实务发展过程中，保险公司改变保险契约内容，缩小保险范围，出现了"索赔基础制"责任保险合同。[2]

一、事故发生基础制保单

所谓事故发生基础制（Occurrence Basis），是指凡在保险期间内发生损害事故，被保险人并在规定时效内请求赔偿，保险人皆应负赔偿责任，而在保险单生效日前或保险期间届满后发生之事故保险人皆不负赔偿责任。[3] 我国实务上许多大规模侵权责任保险保单是采"事故发生基础制"，规定承保之"意外

---

[1]　李玉泉：《保险法》，法律出版社1997年版，第134页。

[2]　[美]肯尼斯·S·亚伯拉罕：《美国保险法原理与实务》，韩长印、韩永强等译，中国政法大学出版社2012年版，第557页。

[3]　江朝国：《保险法规汇编》，元照出版有限公司2001年版，第128页。

事故"须在保险期间内发生。以实务上普遍通行使用的公众责任保险基本条款为例，其第 3 条规定："在保险期间内，被保险人在保险单载明的区域范围内因经营业务发生意外事故，造成第三者的人身伤亡或财产损失，依照中华人民共和国法律（不包括港澳台地区法律）应由被保险人承担的经济赔偿责任，保险人依照本保险合同约定负责赔偿。"

事故发生基础制保单在 1966 年出现之后，发展为责任保险所采行的理赔责任认定时点之制度，施行甚久，对一般被保险人而言也较为习惯。然而事故发生基础制保单适用在一般责任保险的情形时，如危险事故与损害发生间隔较短，原则上并无不妥之处。但在如今责任风险种类日渐增多之际，事故发生基础制存在诸多问题，尤其是针对渐进性累积性损害，具有致命的"长尾责任"问题。

所谓"长尾责任"，也称长期责任风险，是指由于导致损失的损害事实与损失确定、被保险人受赔偿请求和保险人理赔之间有一段较长的时滞过程。损害发生时点如果被认为在第一次接触危险源时，其在接触后须经过漫长的时间，损害结果才会显现，而受害人在知悉损害结果后才会进行索赔，损害发生与索赔间隔的时间差即发生，产生典型的"长尾责任"。又如渐进性损害的发生时点被认为在疾病显现时，虽然第三人在知悉损害结果后可能会马上提出索赔，损害发生时点与索赔时点间隔不长，然而此损害是来自多年以来接触危险源的结果，在较晚的保单里，保险人在核发保单时也难以预见多年前的累积性的损害，因此，保险人也会产生如长尾责任引发的财务风险。举例来说，某保险公司自 2010 年 1 月 1 日起承保某种药品产品责任保险一年，甲于 2005 年服用该药品产生副作用而致病，至 2010 年 3 月经诊断症状明显时，依据"伤害显现理论"视为"事故发生"在 2010 年，可请求该保险进行赔偿；而乙于 2010 年 2 月第一次服用该药品，也产生副作用，但至 2015 年 1 月病症始显现出来，依据"危险接触理论"视为"事故发生"在 2010 年，该保险公司也须负赔偿责任。

在责任保险中，保险公司进行赔付必须具有两个前提条件：①受害人遭受损害并提出索赔；②侵权责任确定并属于保险单承保范围。然而，责任风险中的长尾巴风险对人的损害具有隐蔽性，常常要很久才会显露出来，此时，从损害事实发生到被害人发现损害需要经过很长一段时间；再者从被侵权人提出索赔请求到责任确定，如果是以诉讼的方式确定，通常也会需要较长的时间。对于保险人来说，如果需要其承担责任的时间拖得过长，会给保险公司风险管控及稳健经营带来极大的不确定性，因为保险人无法准确预计承保该风险的保险产品会造成的潜在伤害。保险人在承担被保险人的责任危险时，会运用精算原则，计算其承担危险的范围。保险人是依照年度估计所承担的危险，并提存相对应的理赔准备金作为应付被保险人的潜在给付。在该年度经过之后，保险人会以另一个危险基础计算理赔准备金。若损害发生与索赔提出间隔太长，在损害发生的年度，保险人于该年度的准备金将难以估算将来可能会提出索赔的数目大小，故"长尾责任"可能会导致保险准备金严重不足，使保险人不足以应付若干年后才发现的责任，因偿付能力不足，甚至最终会导致保险人破产。[1]在美国保险业历史上，"石棉案"已成为美国保险市场的梦魇，有多家保险公司因此破产，从而使保险市场损失惨重。可见，"事故发生基础制"针对此种"长尾责任"有致命缺点。

综上所述，事故发生基础制保单对渐进性损害并不适用，因为"长尾责任"之缺点，迫切需要新的保单形式予以解决。从 20 世纪 80 年代起，英美责任保险市场率先在保险单中引入一种新的措辞形式——索赔请求。这些保险单不再参考事故的发生，而是关注受害人的索赔请求。

二、索赔基础制保单

所谓"索赔基础制"（Claims-Made Basis），又称为"赔偿请求基础制"，系指凡被保险人或保险人第一次受到第三人请求赔偿之时间在保险期间内者，保险人即须负赔偿之责，而不问事故发生于何时。[2]索赔基础制保单多使用于职业责任保险等特殊责任保险当中，规定承保之"首次索赔"须在保险期间或追溯期内发生。以中国太平洋财产保险股份有限公司《会计师职业责任保险基本条款》为例，其第 3 条规定："在保险期间或保险合同载明的追溯期内，保险人的在册会计师在中华人民共和国境内以会计师身份代表被保险人为委托人办理会计师专业业务过程中，由于过失造成委托人或其利害关系人的经济损失，

---

[1]　李祝用：《论责任保险的保险事故》，中国保险法学研究会年会论文集，2012 年，第 79 页。

[2]　江朝国：《保险法规汇编》，元照出版有限公司 2001 年版，第 128 页。

依法由被保险人承担经济赔偿责任，且委托人或其利害关系人首次在保险期间内向被保险人提出索赔的，保险人将根据本合同的约定，在保险单中载明的赔偿限额内负责赔偿。"

索赔基础制保单最初起源于 1967 年美国地区的专门职业责任保险。英国伦敦的劳埃德保险市场，初期仅适用于专业保险，而在 1985 年美国保险服务处为了因应日益增加的石棉及产品责任保险索赔案的威胁，于商业一般责任保险保单中设计了所谓的索赔基础制保单，自此，这类保单类型才大量被保险事务所采用。[1] 例如，20 世纪 70 年代罗德艾州的圣保罗火灾及海商保险公司宣布，不再承保"事故发生基础制"上的医疗玩忽职守保险，只提供"索赔基础制"保险单，在事故保险单下，投保医生在保险单有效期内发生医疗事故从而引起的伤害赔偿，都可以获得保险赔付；索赔基础制保单则只对保险单有效期内提出的索赔请求负责赔付。[2] 我国大陆和台湾地区在 90 年代才逐渐推广"索赔基础制"保单。法国于 2003 年之前，认为这些保单是违法的，在 2003 年改革之后才允许保险公司采纳此种保单形式。

由上述内容而知，索赔基础制是以受害人向被保险人首次索赔之日作为保险事故认定标准，保险人开始承担保险责任，而不论事故发生于何时。若事故发生在保险期间内，保险人固须负赔偿责任；若事故发生于保单生效前之一段时间，若无约定除外，被保险人只要在保险期间提起索赔，保险人也须负赔偿责任。由此而知，"索赔"之认定对该保单形式非常重要。然索赔如何认定？与事故发生相比，索赔具有哪些优势？索赔基础制保单是否需要配套机制予以配合？这些是索赔基础制保单需要厘清的问题。

（一）索赔之认定

从最广泛的意义上讲，索赔是指第三人针对被保险人提出的一种主张。[3]

---

[1]　Charles R. Mcguares, Kathleen A. Mcllough and George B. Flanigan, *Risk Management and Insurance Review*, Spring, 2004, p.73.

[2]　[美]哈威尔·E·杰克逊、小爱德华·L·西蒙斯：《金融监管》，吴志攀等译，中国政法大学出版社 2003 年版，第 495 页。

[3]　在责任保险中，索赔有两种含义：一种含义是第三人向被保险人提出的赔偿请求，要求其向自己承担损害赔偿责任；另一种含义是被保险人按照保险合同的规定，要求保险人向自己赔付保险金的请求。在索赔基础制保单中，索赔显然是指针对第一种含义。

具体到索赔基础制保单中，索赔必须是第三人向被保险人首次请求赔偿或提出赔偿请求之意，[1] 而该请求提出必须于保单期间内。如我国大地财产保险股份有限公司医疗责任保险条款第 3 条规定："在保险期间或保险合同载明的追溯期内，被保险人的投保医务人员在保险单中列明的承保区域范围内从事诊疗护理活动时，因过失造成患者人身损害，由患者或其近亲属在保险期间（被保险人购买扩展报告期的，包括扩展报告期）内首次向被保险人提出损害赔偿请求，依照中华人民共和国法律（不包括港澳台地区法律，下同）应由被保险人承担的经济赔偿责任，保险人按照本保险合同约定负责赔偿。"索赔基础制保单要求首次索赔之意，在于强调在保单期间前已向被保险人请求赔偿者，不属于承保责任范围，因该赔偿请求属前一保险人之承保责任；另外是在防止被保险人向续保该保险之原保险人请求保险金。然决定何者为"索赔"并非没有争议。在英美法系国家的保险实务中，不同法院有不同的观点，有认为，索赔是指"第三人基于因列名被保险人之行为导致损害而主张其法律上权利"[2]；也有认为，以"索赔"作为保单的承保责任启动之方式，应与法律上可审理的损害有关，而且应属保险人可以抗辩、和解以及支付的请求。[3]

从法理上，在索赔基础制保单中，索赔的直接后果是导致被保险人承担经济责任，这种经济责任表现为两种形式：一种是被保险人直接承担民事损害赔偿责任；另一种是被保险人为了抗辩第三人的索赔而支出诉讼费用、抗辩费用以及其他相关费用。[4] 详言之，被保险人仅承担被保险人的民事赔偿责任，被保险人依刑法承担的刑事罚金和依行政法承担的行政罚款一般被排除在保单的承保范围之外。然对于被保险人在刑事程序和行政程序中所支付的诉讼费用与抗辩费用能否纳入保险人的责任范围？事实上，在欧美国家，责任保险通常要求，保险人需要承担被保险人在刑事诉讼中的诉讼费用和律师费用。如 2008

---

[1]　H. James Wulfsberg & Timothy A. Colvig, *The 1986 Commercial General Liability Insurance Program, Plireal Est. & Practice Course Handbook Series* , No.593,1987,p.601.

[2]　"Claim contemplates the assertion of a legal right by a third person for damages caused by conduct of the named insured." See Atlas Underwriters, Ltd. v. Meredith-Burda, Inc.,231 Va.255,at 258, 343,S.E.2d 65,67 (1986).

[3]　Evanston Insurance Co. V. GAB Business Services, Inc., 132 A.D.2d 180,185,521 N.Y.S.2d 692,695(1st Dep't 1987).

[4]　孙宏涛：《董事责任保险合同研究》，中国法制出版社 2011 年版，第 117 页。

年《德国保险合同法》第 101 条第 1 款规定："保险承保范围也应当包括由于第三人起诉导致投保人支付的诉讼费用与诉讼外费用等。此外，保险承保范围还包括由于第三人向投保人提出刑事诉讼而导致投保人支付的律师费用。"从这个角度分析，索赔应当包括如下情形：①书面的金钱损害赔偿请求；②第三人通过提交诉状发动的民事诉讼程序；③检察机关提起的刑事诉讼程序；④行政机关应第三人的申请对而被保险人做出的处罚决定、正式调查书以及类似的相关文件；⑤第三人提出的仲裁申请；⑥第三人在上述程序中提出的上诉或复议请求；⑦诉前和解申请和诉前调解申请。[1]

总而言之，索赔的核心构成要素应是请求，该请求可以是基于诉讼程序提出的，也可以是基于行政程序提出的，还可以是基于仲裁程序提出的。如果原告或其律师仅仅通知被保险人正在考虑提起诉讼，则上述通知并不构成索赔。[2]与之相似，提起诉讼的威胁也不构成索赔。[3]

（二）索赔要件之实效性

索赔要件之设计，是为避免事故发生基础制承担长尾责任久悬不决之弊病。[4]诚如肯·奥利芬特教授所言："保险公司受这类保险单吸引的原因，在于他们可以在年终的时候清账大吉，而不用担心再承担什么'长尾'责任。"[5]相比于事故发生基础制保单，索赔基础制保单对保险公司更为有利，其优势主要表现在：①该保单允许保险公司随着对索赔请求经验的积累，年年对保险单重新定价。所以，如果关于某种责任事故的索赔请求今后持续上升，索赔基础制保单将使保险公司得以提高其保险费，而不是当事故发生后但实际索赔率尚未确知前，保险费却因被提前设定不能再做变动了。②保险公司根据事故发生基础制保单承担的是未来不确定的索赔风险，而索赔基础制将这种风险的相当

---

[1]　孙宏涛：《董事责任保险合同研究》，中国法制出版社 2011 年版，第 117 页。

[2]　Cal. Union Ins.Co.v.Am.Diversified Sav. Bank, 914 F.2d 1271,1277(9th Cir.1990); Hyde v. Fidelity & Deposit Co. Of Am.,23 F. Supp. 2d 630,633(D.Md.1998).

[3]　Klein v. Fidelity & Deposit Co. of Am., 700 A.2d 262,175(Md. App.1997).

[4]　Ian Ayres & Peter Siegelman, *The Economics of the Insurance Antitrust Suits: Toward an Exclusionary Theory, Tul. Law Review*, 1989,p.974.

[5]　[奥] 肯·奥利芬特：《损害的合并与分割》，周雪峰、王玉花译，中国法制出版社 2012 年版，第 170—171 页。

部分又转嫁给了被保险人。例如，即使只有单个消费者要求索赔，生产商发现其生产了数以千计的危险产品这一事实将对其未来的可保性产生难以估量的影响，由于其可能面临类似性质的索赔，生产商要么将面对巨额保险费，要么将彻底拒绝给予保险或续展保险。简言之，索赔基础制保单通过使承保人能够在某位被保险人的保险开始（或续展）之前获得关于潜在索赔的广泛消息这样的安排，从而使得承保人能够避免因为相当一部分存在于保险开始（或续展）之日的潜在索赔而向被保险人支付赔偿。[1]③便于保险人计算保费和提存赔款准备金。在事故发生基础制保单中，事故发生时提供保障的保险人负责理赔，结果保险人必须为很多年前过期的保险单支付赔偿，这种情况使得精算师们很难准确计算应该收取的保险费和应当为已发生而未报告的索赔而建立的损失准备金，而索赔基础制保单可以对保费、损失和损失准备金进行更为准确的估算。④减少危险事故认定争议。索赔基础制保单发展的原因之一，即在于解决事故发生基础制有关保险事故认定时期之困扰。在索赔基础制下，保单原则上并不要求危险事故在何时发生，而仅是要求在保单有效期间内提起索赔，时点相对明确且易于判定。

在保险人寻求减轻损失之心态下，索赔基础制保单正方兴未艾，并且会继续存在。索赔基础制之设计确实在准备金之提存、承保危险事故认定之时效等方面，均较事故发生基础制较佳且较不易滋生纷扰。但对被保险人而言，索赔基础制存在诸多不利，表现在：①被保险人不易更换保险人。在保险实务中，保险公司为了避免其责任往前无限制地回溯，通常会在保单条款中约定"追溯日"（Retroactive Date），实际上通常约定为第一年保单之生效日，使其保险责任限缩在追溯日之后所发生的事故。只要被保险人更换保险人就可能无法获得原来之追溯日，或者需要付出昂贵的保费来购买新的追溯日。被保险人如果想要继续得到保险之保障，其必须与同一保险公司签订一份新的保险契约或者进行续保，保险人渐渐操控了被保险人。[2]②容易产生保险间隙。当被保险人于保单期满不续保或中途退保后，保险人对于保单失效后的索赔不再负赔偿之

---

[1]　[英]M·A·克拉克：《保险合同法》，何美欢、吴志攀等译，北京大学出版社2002年版，第412页。

[2]　被保险人唯有不断地投保索赔基础制保单，并且不更换保险人继续投保，否则将遭受变更后的种种不利益，有人称之为"吗啡条款"。

责，责任保险中的"长尾巴风险"也可以因此而免除。但就被保险人而言，如不续保或变更保险人时就会产生保险间隙，使被保险人缺乏保障，因为针对保险单失效之前已发生但未来得及报案的索赔，被保险人无法得到保险人的给付。在实务操作中为补救此一缺失，保险双方当事人会在保险契约中订立"发现期条款"，也可称其为"延长报告期"制度。延长报告期制度旨在使被保险人改向其他保险人投保时，避免保险空窗期而设，其内容为延长被保险人提出索赔请求的期限。③对被保险人过于复杂，难以使用。单纯之索赔基础制保单在使用上由于限制被保险人权利过多，故在实务上甚少有人购买，一般均需搭配追溯日及延长报案期间使用方可运作，然此两种附加条款均需另外购买，对被保险人而言并不易了解购买的范围及方法，即使在专业经纪人也常可能疏忽而造成错误。[1]

索赔基础制固然是为解决事故发生基础制的问题而产生，然使用上并不一定没有问题。凡事有一利必有一弊，索赔基础制操作上更为复杂，必须搭配"追溯日"及"延长报告期"等制度方能使用。如华泰财产保险股份公司医疗责任保险条款第三款规定："在保险期间或保险合同载明的追溯期内，被保险人的投保医务人员在本保险单明细表列明的承保区域内从事诊疗护理活动时，因执业过失导致意外事故，造成患者人身损害，由患者或其近亲属在保险期间内首次向被保险人提出损害赔偿请求，依照中华人民共和国法律（不包括港澳台地区法律）应由被保险人承担的经济赔偿责任，保险人按照本保险合同约定负责赔偿。"所以任何处理索赔基础制保单者，不论是被保险人抑或是保险人，都必须深切了解上述配套制度所可能产生的复杂变化，运用时需非常谨慎，稍有不慎，被保险人可能就会因保险间隙之产生而失去保障。索赔基础制保单"在很大程度上是以牺牲被保险人的利益为代价，因为于事故发生型保单相比，被保险人在索赔型保险中要承担更大部分的因责任不确定而导致的未来风险"[2]。

---

[1]　Diana Reitz, *Gaps Arise in Claims—Made Policy Renewals*, National Underwriter Eriaanger, 2000, p7.

[2]　[美] 肯尼斯·S·亚伯拉罕：《美国保险法原理与实务》，韩长印、韩永强等译，中国政法大学出版社 2012 年版，第 561 页。

（三）索赔基础制适法性之检讨

索赔基础制在设计上的主要目的在于解决保险人承担长尾责任所带来的赔款准备金之压力，对保险人甚为有利，然其限缩了被保险人的权利，合法性曾遭受严重质疑。例如在 1990 年某些欧洲国家如法国、比利时、西班牙以及澳洲均曾立法反对索赔基础制。[1] 英国谢哲客管理服务公司（Sedgwick Management Service Ltd.）于 1993 年 7 月份财产及意外保险版最佳评论（Best Review）保险杂志上称，即将于年内生效的比利时新保险法规定，采用索赔基础制保单不符法令规定，该国的保险监理官并要求当地保险人修改其保单条件，凡在保单有效期间内所发生的损失，该保单之保险人应予承保，即使于保单有效期间终了后才提出赔偿请求。[2] 另法国法院也曾判决，索赔基础制保单剥夺保单持有人自该保险可获得之利益，因索赔事故并非保单持有人所能控制之行为。[3]

1. 以第三人索赔作为保障范围，对被保险人而言是否为一种不平等的限制

索赔基础制保单之限制是否合法，并不能就单一保险契约判断，须从整体危险共同体的角度观察。[4] 保险制度以危险共同团体之存在为先决条件，危险共同体存在之目的在于分散及消化被成员因承保之危险事故发生可能遭受的损失。保险人依照统计学上的大数法则，计算危险发生概率引起的损失大小，拟定保险费率。保险人在计算保险费率时，须依危险共同体能够承担的风险能量，将不保事故之损失额，自承保事故之损失额扣除，符合对价平衡。索赔基础制保单所承担之索赔危险，是保险人计算危险共同体之承保能量后，所得出的合理的保险费的代价。因此，保险条款的索赔要件应属于一种承保范围的限制，此限制之目的在于使危险共同体有能力承担危险。在索赔基础制保单中，将索赔作为保险事故发生的构成要件，并无不妥。虽然索赔基础制保单较事故发生

---

[1] 　Youngman Ian, Directors' and Officers' Liability Insurance, Woodhead Com Bridge England,1995,p.35.

[2] 　王志铺：《谈请求赔偿基础责任保险之合法性》，载《保险资讯》第 100 期。

[3] 　王志铺：《谈请求赔偿基础责任保险之合法性》，载《保险资讯》第 100 期。

[4] 　George L. Priest, *The Current Insurance Crisis and Modern Tort Law, Yale Law Journal*,1987,p.1575.

基础制保单承保范围有所缩小，限制保险结束于一定时点，但经过精算之后，保费也较为低廉，故限制并非不平等。[1]

2. 保障范围之限缩，是否与被保险人的合理期待相违背

索赔基础制保单引进之初受到合法性质疑之处在于其是否与被保险人的合理期待相抵触。因为以往责任保险保单是以事故发生基础制形式核保，法院因此认为被保险人得以合理地期待承保范围包括保险期间内所有的危险事故，[2]而不论是否在保险期间内提起索赔。如今，索赔基础制是有效的。因为保险人在被保险人购买保险之前，会详细告知被保险人索赔基础制保单的各项相关制度及使用后的可能产生的各种状况。在事前已有告知风险的情况下，被保险人可基于自我风险选择，选择是否购买该保险。此外，索赔基础制保单价格低廉，被保险人可根据自己的财产情况和实际需要选择适合自己的保单产品。

综上所述，索赔基础制保单是以第三人向被保险人首次索赔作为保险事故认定标准。它起初是从保险人角度所做出的制度设计，主要目的在于帮助保险人预防承担长尾责任风险。由于索赔基础制的特殊性，再加上"追溯日"和"延长报告期"等配套制度的运用，故一般被保险人甚难理解其复杂性，导致实务中损害被保险人利益的情况时有发生，其合法性遭到严重质疑。相较于事故发生基础制保单，索赔基础制保单虽然限缩了保险人的承保范围，但其价格低廉，完全符合对价平衡原则，况且在订立保险之前，保险人会履行其说明义务，被保险人可以知晓保单条款之特殊性。所以，索赔基础制保单适法性争议可以解决。

第三节 大规模侵权责任保险之通知义务条款

对保险人而言，危险事故发生之通知极为重要，它涉及保险人是否能够及时为必要措施以止损失扩大并调查事实等，以保护其在法律上的利益。下文将

---

[1] Kenneth F. Oettle & Davis J. Howard, *Zucherman and Sparks: The Validity of "Claims Made" Insurance Policies as a Function of Retroactive Coverage, Tort & Insurance Law Journal*,1986,p.662.

[2] Carolyn M. Frame, *"Claims—Made"Liability Insurance: Closing the Gaps with Retroactive Coverage, Temp.L.Q.*, 1987, p.662.

对大规模侵权责任保险中通知义务的履行主体、通知方式与期限等方面进行详细阐述。

一、通知义务之履行主体

大规模侵权责任保险作为责任保险之一种，关于通知义务的履行主体问题，可以参照一般责任保险来进行探讨。在一般责任保险中，关于通知义务的履行主体，各个国家或地区立法例规定并不一致。有的国家仅要求"投保人"履行通知义务，如《德国保险契约法》[1]；有的国家要求"投保人、被保险人及受益人"履行通知义务，如我国大陆地区《保险法》、我国台湾地区"保险法"以及《韩国商法》；[2] 另有国家规定"投保人或被保险人"履行通知义务，如《日本商法典》。[3] 在责任保险中，危险事故发生后通知义务人的范围究竟应该包含哪些人呢？下文详述之。

（一）投保人

由各国保险法规定而知，投保人为通知义务的履行主体，并无争议。从订立保险契约当事人之角度观察，投保人和保险人为订立保险契约之人，由此可知，投保人为保险契约之相对人，再加上投保人和被保险人关系密切，因此，在危险事故发生后，由契约当事人——投保人负担通知义务，甚是合理且无不妥。

（二）被保险人

在财产保险中，被保险人虽然不是保险契约的当事人，然其在保险契约中却具有相当重要的地位，通常被保险人与保险标的的关系最为紧密，因此，对

---

[1]　2008 年《德国保险契约法》第 30 条第 1 款规定："投保人在知晓保险事故发生后应立即通知保险人。"

[2]　我国大陆地区《保险法》第 21 条规定："投保人、被保险人或者受益人知道保险事故发生后，应当及时通知保险人……"我国台湾地区"保险法"第 58 条规定："要保人、被保险人或受益人，遇有保险人应负保险责任之事故发生，除本法另有规定，或契约另有约定外，应于知悉后五日内通知保险人。"《韩国商法》第 657 条第 1 款也规定："保险合同人或者被保险人、保险受益人知道保险事故发生时，应毫不迟延地向保险人发送该通知。"

[3]　《日本商法典》第 658 条规定："因保险人负担的危险发生而产生损失时，投保人或被保险人知悉损失发生后，应从速通知保险人。"

危险事故之发生知之最详，依诚实信用原则赋予其危险发生之通知义务，对他并无不利。在投保人和被保险人为同一人时，由被保险人履行通知义务，固无疑问；倘若投保人和被保险人不属同一人，由被保险人履行通知义务，也无不妥。在我国标准责任保险契约中，通知条款多会规定由被保险人给予通知。如我国平安财产保险股份有限公司平安公众责任保险条款第20条规定："知道保险事故发生后，被保险人应该：……（二）及时通知保险人，并书面说明事故发生的原因、经过和损失情况……"第21条规定："被保险人收到受害人的损害赔偿请求时，应立即通知保险人。"由此可知，我国责任保险契约多要求"被保险人"履行通知义务。

在责任保险中，可能存在一种特殊类型的被保险人，即附加被保险人。例如，由我国《机动车交通事故责任强制保险条例》第42条规定而知，被保险人是指投保人及其允许的合法驾驶人。该"允许的合法驾驶人"即为附加被保险人。在附加被保险人案件中，如果附加被保险人对于同一危险事故向保险人发出通知，从发出通知文件之内容足以得知其他附加被保险人也包含在此事件之中，则其效力应及于其他附加被保险人。[1]

（三）受益人

在通知义务履行主体问题上，最值得研究的是受益人是否应该负担通知义务？由前引可知，各国立法例规定并不相同。在理论上，学者们的观点也是莫衷一是，分歧迭出。覃有土、樊启荣教授认为，要求受益人履行通知义务没有充分的正当理由，其所持依据如下：首先，要求受益人履行通知义务，在某些情形下，会产生不合理之结果；再次，如果受益人负担此项义务，则保险人就有权利抗辩受益人未及时履行通知义务，这难免有保护保险人利益之嫌。[2] 也有学者主张，在人身保险合同中，受益人是通知义务履行主体，其所持依据为：在人身保险中，当投保人和被保险人是同一人时，可能会在同一事故中死亡，

---

[1]　Barry R. Ostrager & Thomas R. Newman, *Handbook on Insurance Coverage Disputes*, Aspen Publishers, 2009, p.221.

[2]　覃有土、樊启荣：《保险法学》，高等教育出版社2003年版，第162页。

发生无人履行通知义务的情形。[1] 我国台湾地区江朝国先生也有类似主张。[2]同时他指出，在财产保险中，删除受益人应为保险事故发生之通知，不会使保险人遭受不利益。[3] 比较上述学者观点，本书赞成江朝国先生的观点，认为在财产保险中，尤其是在责任保险中，并无受益人履行通知义务之必要，所持理由如下：

首先，在财产保险中，并无受益人之概念。受益人仅存在于人身保险中，他通常不需要负担任何义务，仅纯粹享受保险合同利益。就此而言，在财产保险中，规定受益人履行通知义务，似乎与其在保险合同中的地位相悖。而且，在财产保险中，危险事故发生后，仅要求投保人或被保险人履行通知义务，删除受益人为通知之规定，并不会使保险人遭受不利益。

其次，责任保险作为财产保险，属损失填补保险，此损失因被保险人对受害人负有的损害赔偿责任而发生，其危险事故发生对象为因被保险人实施不法行为而导致减少的整体财产，而非投保人、被保险人之本身。因此，在危险事故发生后，投保人或被保险人皆能够履行通知义务，并不会发生无人通知的情况。

（四）特殊通知主体：受害人

在责任保险中，有疑问的通知主体还有受害人。如果危险事故的通知并非来自于被保险人，而来自受害人，则此通知是否对被保险人生效，实有疑问。在我国，并未见相关规定和研究。在英美国家，法院和学者间有不同观点。

在英美国家，有法院持否定态度，认为受害人履行通知，对被保险人并不生效力。在美国，有部分州认为，保险人从其他独立来源知道保险事故发生的，被保险人的通知义务并不因此而免除。[4] 也有英国学者认为，通知必须由被保险人或拥有代理权的第三人为之，其所持之理由为，因为被保险人可能不想留有理赔记录，故其宁愿自行处理某一案件，而不通知保险人介入处理；再者，

[1] 温世扬：《保险法》，法律出版社 2007 年版，第 112 页。
[2] 江朝国：《保险法逐条释义》（第二卷 保险契约），元照出版有限公司 2013 年版，第 418 页。
[3] 江朝国：《保险法逐条释义》（第二卷 保险契约），元照出版有限公司 2013 年版，第 420 页。
[4] National Union Fire Ins. Co. of Pittsburgh, Pa. v. Crocker, 246 S.W.3d 603 (Tex. 2008).

如果要求保险人不论信息来源如何，均需处理，则对于保险人而言将是不合理的负担，因此会产生不合理费用。[1]

然而，有些英美法院从通知条款对于保险人的功能出发，对此持肯定态度，认为只要保险人能及时得知危险事故的发生并采取必要措施，即为已足，其来源无须从被保险人处得知。[2]在 Garcia v. Underwriters at Lloyd's, London[3]一案中，法院即表示，通知并不必然一定要直接来自于被保险人，只要该通知能够让保险人得知哪个保险契约发生危险事故并能进行适当之行为即可。事实上，大多的英国及美国学者认为，纵使通知是由受害人为之，若其可信赖，并依该赔偿请求案件的性质视之，被保险人很可能向保险人提出理赔请求时，则该通知也生效力。[4]

肯定说可能更为可取。因为在责任保险中，如果被保险人没有及时通知保险人出险，被他侵权的第三方有可能会失去补偿。因此，权利被侵害的第三方如果知道侵权人的保险人是谁，便应当采取措施把侵权事实告知这位保险人，而不是想当然地以为侵权人会主动通知保险人。[5]这个步骤虽然简单，但却能使保险人没有借口拒赔。对此，在美国，有某些州法规上明文规定授予受害人独立的权利，可以对保险人做出通知。如果受害人已为通知，则认为符合保险契约条款中的通知要件。例如，美国纽约州保险法第 3420 条 a 款第 3 项规定："保险人基于迟延通知而对被保险人有抗辩时，受害人，基于法律之授权有独立权利给予通知，其不受被保险人迟延之影响。"纽约州法院认为，在衡量受害人之通知是否及时，必须考量该第三人自身的因素，而不应将被保险人的相关因素放进去。因为，对于被保险人属合理状况，对于受害人而言，可能并不

---

[1]　Malcolm A. Clarke, *The Law of Insurance Contracts*, *Informa Law*,1994,p.677.

[2]　Barry R. Ostrager & Thomas R. Newman, *Handbook on Insurance Coverage Disputes*, Aspen Publishers, 2009, p.214.

[3]　182 P.3d 113(N.M.2008).

[4]　英国学者部分，参阅 Malcolm A. Clarke, *The Law of Insurance Contracts*, *Informa Law*, 1994, p.677；美国学者部分，参阅 Barry R. Ostrager & Thomas R. Newman, *Handbook on Insurance Coverage Disputes*, Aspen Publishers, 2009, p.214.

[5]　[美] 小罗伯特·H. 杰瑞、道德拉斯·R. 里士满：《美国保险法精解》，李之彦译，北京大学出版社 2009 年版，第 275 页。

合理。[1]换言之，在受害人发出通知时，如果当时的状况下该行为具有合理性，保险人不得以其他人的因素来主张对抗受害人。受害人需直接通知保险人，假如其仰赖被保险人发出通知，当被保险人被主张有迟延通知而保险人拒赔时，抗辩的效力也会及于受害人。然而，一般受害人多不知道被保险人是否有保险契约，抑或不知道被保险人的保险人是谁，对此，美国有法院认为，如果受害人因此而有所迟延，则其有义务证明已于事故发生后，尽力确认保险人之身份且于确定保险人后，就立即发出通知，始能主张其通知具有合理性。[2]

综上，在责任保险中，通知义务履行主体应包括投保人、被保险人[3]，至于受益人，并无赋予其通知义务之必要。此外，在责任保险中，受害人应享有通知权利，如果投保人或被保险人未履行通知义务，受害人可以独立履行通知，且该通知同样对保险人具有效力。这是责任保险不同于一般财产保险通知主体之特殊性。

二、通知义务之方式

关于通知义务的履行，究竟应该采用何种方式，法律并未明确规定，因此，被保险人可以以任何方式通知保险人。但是，如果双方当事人事前已在合同中明确约定以某种特定的方式来履行通知义务，则应从约定；如果无约定，则不论为口头或书面通知均可。因为通知的目的是为了使保险人能够有机会对于赔偿请求案件为适当的调查并能够参与责任关系之诉讼，所以，被保险人无论采用书面或口头形式通知，保险人都会知晓危险事故的发生，并可以安排适当的处理程序。

乍一看，采用口头方式履行通知义务可能会引发争议，因为证明被保险人是否履行通知义务可能会有困难。但是，在保险实务中，大多数情形下，被保险人履行通知义务时都必须提交一定的书面证明文件，并将书面文件的复印件提交给保险公司，或者采用其他的行为来证明损害事实已经发生，因此，保险

---

[1]　Sputnik Restaurant Corp. v. United Nat. Ins. Co., 62 A.D.3d 689, 878 N.Y.S.2d 428 (2d Dep't 2009).

[2]　Eveready Ins. Co. v. Chavis, 150 A.D.2d 332,333,540 N.Y.S.2d 860,861 (2d Dep't), appeal withdrawn, 546 N.Y.S.2d 561(1989).

[3]　为后文论述的方便，本书将被保险人和投保人认定为同一人。在将通知义务时，一律表述为"被保险人"。

人总是会在损害事实发生后的合理期间内了解基本情况。保险人如果收到了被保险人的口头通知，但却没有告知提醒被保险人必须提供书面通知，仅有口头通知不行，那么，依据禁反言规则，保险人不得事后主张被保险人没有履行通知义务。一般来说，只要通知里所记载的信息能够让保险人知晓：危险事故已经发生，或者有人要对被保险人提起诉讼索赔，这就足够了。[1]

此外，通知的对象一定要准确。被保险人应当向保险人或者保险人授权的保险代理人进行通知，如果被保险人通知送错了对象，比如保险经纪人，由于对象不准确，那么仍被认为被保险人没有履行通知义务。[2]

三、通知义务之期限

被保险人究竟应在什么合理期限内把"损害事实"和"索赔事实"通知保险人，是责任保险通知义务的核心内容。通知义务履行合理期限的确定，能够让保险人及时掌握事实状况，及早做好抗辩及诉讼准备，保护被保险人和自己的合法权益。

（一）一般保险通知期限之考察

通观世界各个国家和地区的立法例，均对危险发生后通知义务的履行期限有所规定。但各国规定并不相同，主要有两种立法方式：①明确式，以意大利、我国澳门地区等为代表；②概括式，以德国、我国大陆地区为代表。

1. 明确式

在某些国家或地区的保险契约或立法例中，被保险人的通知期限具有明确的规定，要求被保险人必须在法律规定的期限内履行通知义务。关于具体的期限，则不尽相同，有的规定为三天或五天，有的规定为十天。如《意大利民法典》第1913条规定："被保险人应当自保险事故发生或被保险人知道保险事故发生的3日内向保险人或有缔约权限的保险代理人发出保险事故发生的通知。"我国澳门地区《商法典》第983条规定："被保险人应当于保险事故或保险事

---

[1] ［美］小罗伯特·H.杰瑞、道德拉斯·R.里士满：《美国保险法精解》，李之彦译，北京大学出版社2009年版，第274—275页。

[2] ［美］小罗伯特·H.杰瑞、道德拉斯·R.里士满：《美国保险法精解》，李之彦译，北京大学出版社2009年版，第276页。

件发生之日起八日内或于约定之更长期限内将事故或事件通知保险人；如证明当时不知悉事故或事件之发生，自应自知悉日起计算期限。"我国台湾地区"保险法"第58条规定："被保险人遇有保险人应负保险责任之事故发生，除本法另有规定，或契约另有订定外，应于知悉后五日内通知保险人。"有学者认为："该规定中'或契约另有订定外'的措辞不够严谨，经常会引起争议。例如，当保单约定的通知期限短于5天，该约定是否具有法律效力？多数学者认为，'保险法'第58条对保险条款内容具有控制和监督的强行法性质，此5日期限为最低标准，故若保单约定之期限超过5日者，如10日、一星期或两星期等，则以保单所约定者为准；反之，若保单约定之通知期限短于5日，则该约定无效，应恢复5日之通知期限。"[1]由此而知，以契约条款另行约定通知义务履行期限，只能约定延长，而不能约定缩短。

上述明确规定履行期限的立法例，其主要目的在于：使保险人能在证据尚新时调查索赔，进而帮助保险人在证据失效或消失前发现欺诈性索赔。第二个目的是为保险人提供最近的责任状况，以便保险人更精确地准备准备金。[2]由于明确了具体的履行期限，所以操作容易。但正是由于规定得太过明确，从而使其失去了应有的弹性，有时可能无法涵盖实务中出现的复杂情况。

2. 概括式

有些国家或地区的保险契约或立法例，并未对被保险人通知义务履行期限做出统一的硬性规定，而是使用"立即"、"毫不犹豫"、"尽可能快"等词汇来描述。通常要求被保险人在危险事实发生时，应立即通知保险人。如2008年《德国保险合同法》第30条规定："投保人在知晓保险事故发生后应立即通知保险人。"这种模式的通知义务履行期限欠缺明确性，但相对比较灵活，更容易涵盖。

3. "概括式"模式的妥当性

上述两种立法例的规定，究竟孰优孰劣？从保护被保险人角度言，"概括式"的立法规定更为有利，但保险人动辄就会以此为借口，主张被保险人没有

---

[1]　江朝国：《保险法基础理论》，中国政法大学出版社2002年版，第265页。
[2]　[美]约翰·F·道宾：《美国保险法》，梁鹏译，法律出版社2008年版，第184—185页。

立即通知；从保护保险人角度言，"明确式"的立法规定比较有利，保险人可以更好地明确责任，但它明显不利于被保险人利益的保障。相较两者，"概括式"立法模式可能更可取，因为此种立法模式给了被保险人更灵活的履行通知义务期限。

然而，在适用该种模式时，有一个关键问题需要厘清：被保险人发出通知是否属于"立即通知"？也就是说，如何解释"立即通知"？学理解释上认为，对"及时通知"、"立即通知"或者"尽可能快地通知"，不能做字面理解，不管保险人以何种措辞表达"立即通知"的意思，在考虑案件的具体情况之后应将上述词汇解释为"在合理期限内"。这种解释方法对被保险人较为有利，特别是在被保险人由于疏忽延误了通知期限后，由于合理期限判断标准的弹性很大，通常不会给被保险人造成不利影响。事实上，正是基于合理期限标准所具有的开放性内涵，法官可以根据案件的具体情况适用该规则进而实现保险人与被保险人之间的利益平衡。一言以蔽之，"立即通知"的解释就转化成：被保险人通知的合理性解释问题。

4. "合理"期限解释问题

被保险人履行通知义务的合理期限，是判定是否违反该义务的重要依据。因此，投保人或被保险人应当在什么合理期限内将危险事故及赔偿请求的情事通知保险人，是通知义务的核心内容之一。

什么是合理期限？对此问题，我国未见相关阐述。就美国的司法实践而言，法院在处理时，多以个案的具体情况来进行判断，即法院应以处于和被保险人相同状况的合理谨慎之人，他应该会做出的行为作为判断合理与否的标准。详言之，通知必须在合理时间内发出，但什么是合理时间则要看具体情况，也就是说，通知被认为是一个取决于个案情况的事实问题，它是视当时情况采取合理速度和勤勉，在第一个合理可能的机会给通知。正如英国学者克拉克所戏言的那样："即使有手提电话，也不能要求事故受害者在叫救护车之前给他的承保人打电话。"[1]美国学者斯坦普尔先生认为："如此做法更具有弹性，使得

---

[1]　[英]M·A·克拉克：《保险合同法》，何美欢、吴志攀等译，北京大学出版社2002年版，第703、705页。

抽象原则得适用在所有的具体个案中，并能避免不公平的结果发生。"[1]

如果被保险人的通知，依一般情况已被认为有所迟延，再依具体情况来判断，如果被保险人的迟延通知不具合理性，那么就会认定被保险人未在合理期限内发出通知。例如，在美国，于 Lord v. State Farm Mutual Automobile Insurance Co.[2] 一案中，被保险人在开车门时遭到不明车辆撞击，导致身体受到伤害并因此住院 9 天并支出医疗费用美金 4 000 元。被保险人并不知道他的汽车保险承保该事故，所以，在事故发生后的 173 天才通知保险人，保险人以迟延通知为理由拒绝，被保险人因此对保险人提出诉讼并主张依具体情况，该通知具有合理性应不违反通知义务。然而，维吉尼亚州最高法院针对迟延通知这一争议点，多数法官做出有利于保险人的见解，他们阐述的理由大致为，被保险人仅在医院住了 9 天而非长时间住院治疗且其是受过教育之人，无合理基础说明无法及时对保险人进行通知；被保险人因不知汽车保险有承保该事故，不得作为迟延通知具有合理性的主张。由此可知，被保险人不得仅以他不知保险契约有承保该事故作为迟延通知的合理化理由，换言之，欠缺对承保范围的认知，如果被保险人已尽其注意义务，即被保险人必须没有过失且至少尽其合理地努力去厘清承保范围，仍得出该事故不落入承保范围时，才能作为迟延通知的合理化理由，即纵使在个别案件中，被保险人仍须在一定的注意义务下实行相当的作为后，才得以主张迟延通知具有合理性，以豁免迟延通知的主张。对此，有学者总结指出："在不确定危险事故是否有落入保险的承保范围时，必须对其所持有的保险契约内容进行确认。"[3]

除了上述欠缺对于承保范围的认知外，美国学者也总结出了以下事项也可以作为迟延通知的合理化理由[4]：①被保险人对于危险事故的发生并不知情；②被保险人无理由相信会有责任发生：在某些案件中，被保险人无理由相信会有责任发生，得作为迟延通知的合理化理由。然而，如果一个合理的人可以预见可能有责任产生，那么，被保险人至少就该事件应向相关专业人士咨询，如

---

[1]　Jeffery W. Stempel, *Stempel on Insurance Contracts,* Aspen Law & Business, 2005, pp.9-12.

[2]　295 S.E.2d 796 (Va.1982).

[3]　Jeffery W. Stempel, *Stempel on Insurance Contracts*, Aspen Law & Business, 2005, p.12.

[4]　Barry R. Ostrager & Thomas R. Newman, *Handbook on Insurance Coverage Disputes*, Aspen Publishers, 2009, pp.221-226.

果已咨询则可证明其善意无责任，即可以此主张迟延通知具有合理性；③被保险人无理由相信受害人会提出赔偿请求案件：被保险人合理地相信，危险事故和被保险人行为间没有因果关系，因此，受害人不会要求被保险人为损害或伤害负责；④被保险人事实上无法发出通知：如果被保险人因为受伤而无法行动，而且也没有其他人可以代他向保险人发出通知；⑤保险人未及时对迟延通知做出反对表示：如果被保险人的通知有迟延，那么保险人在收到通知时，应该及时地为反对表示，否则，构成弃权的效果。

在英国法上，通知的合理性虽然也是依照个别案件的实际情况为依据，然而，著名的保险法学者克拉克教授认为，在判断是否通知具有合理性时，应考量以下因素[1]：①保险人在具体情况下，需要被及时通知：例如，保险人希望在所有证据变模糊之前，能够检验基础责任关系的真实性且能够减少为保全模糊证据资料而支出的费外费用。如果个别案件具有如此情况，那么，被保险人的合理通知，应该在危险事故或赔偿请求发生后的短时间内发出。②法院应考量被保险人知悉与否：假如被保险人完全不知有赔偿请求案件存在的可能性，尤其是不知道产生赔偿请求的事实，法院则不愿意此时认定合理期间已逝去。

在许多案件中，法院认为，如果被保险人能够证明他未在规定的期间提交通知具有合理的免责事由，法院将不会把时间限制规定作为抗辩事由。例如，被诉过失未能及时通知的被保险人可能免责，如果其合理地相信事故太小，不足以引起对他的法律诉讼的话。[2] 但是，也有学者主张："在责任保险合同下，通知应在事故发生或赔偿请求后尽可能快地做出，即使被保险人没有理由认为它将引起责任。"[3] 本书认为，在事故或赔偿请求发生后，为避免保险人以时间限制为抗辩事由来规避自己的责任承担，在知悉上述事实后，被保险人最好的保护自己利益的方式就是把上述事实通知保险人。

（二）索赔基础制保单通知期限之特殊性

索赔基础制责任保险契约的产生，是保险人为了避免事故发生基础制保险

---

[1] Malcolm A. Clarke, *The Law of Insurance Contracts*, *Informa Law*, 1994, pp.685-687.

[2] ［美］约翰·F·道宾：《美国保险法》，梁鹏译，法律出版社 2008 年版，第 185 页。

[3] ［英］M·A·克拉克：《保险合同法》，何美欢、吴志攀等译，北京大学出版社 2002 年版，第 703 页。

契约所造成的长尾责任而来。对于保险人而言，索赔基础的保险契约似乎更能精确地计算出保险费且不会有长尾责任的产生，对于保险人的财务规划及风险管控为较佳的方式。[1] 然而，索赔基础保险契约发展至今，除了原本仅要求受害人的赔偿请求需在保险期间提出，保险人才负保险责任外；近年来更发展出"索赔报告"保险契约，即进一步要求被保险人需在保险期间或在延长报告期间内向保险人报告，保险人才需承担保险责任。由此而知，在索赔基础制保险中，通知是否及时，与一般保险契约有不同的判断标准。

1. 传统索赔基础制保单的通知

在传统的索赔基础制保险契约中，仅要求受害人的请求在保险契约的有限期间内提出，保险人即需承担保险责任。因此，被保险人对保险人的通知，并非保险人承担保险责任的前提要件，其情况如同事故发生基础制保险契约一般。也就是说，在传统的索赔基础制保险契约中，被保险人对于保险人就赔偿请求或诉讼请求的通知是否及时，应视在个案中的具体状况而定，以顾及公平性。

2. 索赔基础制保单的特殊条件：索赔报告

索赔报告保险契约，将被保险人对于受害人赔偿请求或诉讼的报告，作为保险人承担保险责任的前提要件。由于这一严格要求限制了被保险人可享有的保险保障，所以，在销售之初，美国法院屡屡以违反被保险人的合理期待及公共政策等理由，宣告要求在一定期间为通知的要件无效。[2] 然而，在法院充分了解该保险契约的性质，再加上此种保险契约通常比事故发生基础制保险契约有较低的保险费率，即前者对于保险人及被保险人事实上是具有成本效益上的创新和节省，大部分法院认为索赔报告保险契约应属有效，不再以公共政策为理由，将之废弃，并严格执行此种保险契约内的条款。[3] 换言之，美国法院认为被保险人对于受害人提出的赔偿请求于一定期间内向保险人报告，是索赔报告保险契约的基础，因此，被保险人未给予及时通知，相较与事故发生基础

---

[1] 李志峰：《长尾责任——美国责任保险保单形式的演变、争议及我国责任保险保单之特色》，载《保险专刊》2009年第1期。

[2] 李志峰：《论被保险人于危险事故后之通知义务——兼析两岸保险法及契约条款之相关规定》，载《东吴法律学报》2012年第1期。

[3] Kathleen E. Wherthey, *New Life for the Claims—Made Liability Policy in Maryland*, *MD.L.Rev.*, Vol 53, 1994, p.948.

制保险契约是更不能被宽恕的。[1] 例如，在 Catholic Medical Center v. Executive Risk Indemnity, Inc.[2] 一案中，保险契约约定，受害人提出赔偿请求及保险人收到被保险人通知的时间，都需要在保险期间内。被保险人在保险契约到期之前一日寄出受害人赔偿请求的通知，然而该通知直到保险契约到期后九个小时才送到保险人处。美国新罕布夏州最高法院明白表示，基于保险契约的约定，被保险人仅在保险期间内寄出赔偿请求的书面通知是不够的，因此，被保险人未履行通知条款，其保险契约上的权利应被剥夺。在另一起相似的案件中，即 Gulf v. Dolan, Fertig & Curtis[3] 一案中，虽然被保险人主张，在检视是否履行通知条款时，应考量合理性这一要件。然而，法院认为："承保责任是依据赔偿请求及向保险人报告是否在保险契约期间送达为定……假如法院在保险契约到期之后仍允许延长报告期间，如此乃是免费地延长保险的承保范围，这与保险人在保险契约协商时所为的承诺不同，事实上已是重新改写当事人间的契约。"

针对上述案例，美国法院对于严格执行在保险有效期间进行报告，而无须考量合理性这一要件，美国学者提出不同的意见，斯坦普尔教授认为，如果保险契约的到期日为 12 月 31 日 24 时，若被保险人下午 5 时接到受害人以口头提出的赔偿请求，那么，要求被保险人在 1 月 1 日前通知保险人，似有为难之处。[4] 因此，对于此类个案的情况，严格的执行索赔报告保险契约的条款，似乎对被保险人有不公平之疑虑。

3. 缓和索赔报告问题之措施："知悉条款"之增加

在索赔基础制保险契约中，要求受害人赔偿请求的通知必须在保险期间或延长报告期间前送达，保险人才承担保险责任，因此，危险事故发生的时间点及通知的重要性，不如一般事故发生基础制保险契约重要。然而，在某些状况中，被保险人的特定行为造成危险事故后，虽然未受到求偿，但已经听闻受害人因该危险事故而受到损害，并且被保险人已经掌握受害人将会提出赔偿请求

[1]   Esmailzadeh v. Johnson & Speakman, 869 F.2d 422,424-25(8th Cir. 1989).

[2]   151 N.H. 699, 867 A.2d 453 (2005).

[3]   433 So.2d 512(Fla.1983).

[4]   Jeffery W. Stempel, *Stempel on Insurance Contracts*, Aspen Law & Business, 2005,pp.9-22.

的消息，但如果受害人未在保险契约有效期间内提出赔偿请求，则该赔偿请求将无法以索赔基础制保险契约来理赔。再者，如果保险人听闻该消息后选择不与被保险人续保，或在续保年度的保险契约中明文将这一尚未提出赔偿请求的危险事故责任以批单除外，那么，受害人在保险契约到期后才提出赔偿请求，无论保险人有无与被保险人续保，被保险人将因此而失去保险保障。

为避免上述状况对被保险人的不利影响，在美国目前责任保险市场上，保险契约条款多会约定，在遇到上述情况时，虽然受害人尚未提出赔偿请求，但被保险人可以把相关事实及资料、文件，包含事故可能的原因、发生日期、所涉人员及赔偿额等向保险人报告；日后，如果受害人果真以被保险人的前报告的事件提出赔偿请求，则报告当时有效的保险契约，将承保该事故并提供被保险人保障，学者有称此为"知悉条款"（awareness clause）。[1] 知悉条款提供了一种在保险契约到期后仍给予被保险人保障的承保机制，即在可能造成赔偿请求的事实及情况被揭露后，但尚未有对抗被保险人的责任关系赔偿请求被提出前，提供被保险人对该责任关系额外的保障。因为受害人可能在一段时间后，即保险契约到期后才提起赔偿请求，只要被保险人在保险契约有效期间内通知了保险人形成赔偿请求或诉讼所由来的相关资讯，保险契约即提供被保险人保险上的保障。[2] 所以，因为知悉条款的存在，使得索赔基础制保险契约的严厉效果可以缓和，也更趋近于事故发生基础制保险契约所提供给被保险人的保障。再者，原本索赔基础制保险契约要求被保险人对受害人的赔偿请求或诉讼为通知，因为知悉条款的存在，能使被保险人对于危险事故发生后，受害人尚未提出赔偿请求前，也有强烈的动机向保险人进行通知。总之，知悉条款不仅对被保险人有利，就保险人而言，更能透过该条款而提早知悉危险事故的发生，进而为相应的行为，以求控管相关的风险。

四、违反通知义务之法律后果

我国台湾地区著名学者王泽鉴先生曾言："债法的内容是建立在债之关系

---

[1]　Barry R. Ostrager & Thomas R. Newman, *Handbook on Insurance Coverage Disputes*, Aspen Publishers, 2009, p.166.

[2]　Barry R. Ostrager & Thomas R. Newman, *Handbook on Insurance Coverage Disputes*, Aspen Publishers,2009,p.166.

上各种义务的形成和发展。此等义务群的建构，及其违反的法律后果，乃债法上最为重要的问题。"[1] 因此，为了更清楚地理解和掌握违反通知义务的法律后果，必须首先确定通知义务的性质，因为义务的不同性质决定了义务违反的法律后果。

（一）通知义务之定性

从理论上讲，关于通知义务的性质，众说纷纭，莫衷一是，最具有争议的主要是两种观点：附随义务说和不真正义务说。为此，本书将进一步分析，确定其性质。

1. 附随义务说

债之关系的义务群中，除主给付义务与从给付义务外，尚有附随义务的存在，附随义务并非自始确定，而是随着债之关系的进展，在个别情况下，要求一方当事人为一定作为或不作为，以维护相对人的利益。附随义务的发生是基于诚信原则的要求而来，即在债之关系的准备、履行及结束时，依据诚信原则，当事人应为他方所合理期待的特定行为，以确保他方的权利及利益。此义务，在缔约过程中发生者，为先契约义务，可依缔约上过失处理；发生于履行阶段者，可构成积极侵害债权；发生于契约关系结束者，为后契约义务，可依债务不履行规定处理之。[2] 附随义务的不履行，不能以诉请求履行，它不构成债务不履行的解除事由，但得依缔约上过失或积极侵害债权请求损害赔偿；因附随义务非对待给付，因此，无同时履行抗辩权的适用。[3]

附随依其功能，可分为两种：①辅助功能，促进主给付义务之实现，最大可能地满足债权人之给付利益；②保护功能，维护他方当事人财产或人身之利益。[4] 对于前者，如瓷器出卖人应妥善包装、受雇人不得泄露公司的营业秘密、土地出让人应告知使用者关于该土地使用期限的规定；对于后者，如油漆工人应注意不要污损定作人的地毯、店家应注意地板不会滑到。附随义务依其不同内容，可分为忠诚义务、保护义务、说明义务、保密义务、竞业禁止义务、协

[1] 王泽鉴：《民法概要》，中国政法大学出版社 2003 年版，第 165—166 页。
[2] 王泽鉴：《民法学说与判例研究》（第四册），北京大学出版社 2009 年版，第 95—96 页。
[3] 黄茂荣：《债法总论》（第二册），中国政法大学出版社 2003 年版，第 394—395 页。
[4] 王泽鉴：《民法概要》，中国政法大学出版社 2003 年版，第 167 页。

力义务、提出及供查阅义务、检查义务，等等。[1]

由上述附随义务内容而知，附随义务与主给付义务主要有三点区别：[2] ①主给付义务为自始确定并决定契约的类型，附随义务是随着契约关系的发生而产生，在任何契约都有可能发生；②主给付义务构成双务契约的对待给付，有同时履行抗辩的适用，附随义务则没有；③主给付义务的不履行，债权人可解除契约，附随义务不履行，债权人不得解除契约，但可就其损害依不完全给付规定主张损害赔偿。而附随义务与从给付义务的区别，主要在于是否可以诉讼请求履行，即能以诉请求者为从给付义务，不能以诉请求者为附随义务。[3]

我国保险法学者周玉华先生坚持"附随义务说"。[4] 他认为："出险通知义务属于《合同法》重大的附随义务。违反附随义务，不构成根本违约，保险公司不能以此为理由拒绝承担保险责任。违反本规定延迟履行通知义务的，导致保险事故原因、性质等情况难以确定的，其后果由投保人、被保险人或受益人承担；投保人、被保险人或受益人履行通知义务后，保险人未在合理时间内核实，导致保险事故的原因、性质等情况难以确定的，其后果由保险人承担。"

2. 不真正义务说

一般而言，私法上所谓"义务"，无论给付义务，或保护义务，均为对他人的行为要求；在给付义务，要求债务人为一定给付行为；于保护义务，要求契约他造应保守秘密、应据实告知说明、应为一定防范措施，以避免发生危险等。除此类法律上义务外，契约关系也可能发生不真正义务。[5]

不真正义务又被称为间接义务或对己义务，[6] 它虽然也是对义务人的行为要求，义务人履行此义务，对他方当事人也有利，但相对人通常不得请求履行，且其违反也不会发生损害赔偿责任的效果，仅是使负担此义务者遭受权利减损

---

[1]　姚志明：《诚信原则与附随义务》，《法学丛刊》2001 年第 184 页。

[2]　王泽鉴：《民法债编总论》（第一册），台大法学院福利社 1992 年版，第 30 页。

[3]　姚志明：《诚信原则与附随义务之研究》，元照出版有限公司 2003 年版，第 53—54 页。

[4]　周玉华：《最新保险法释义与适用》，法律出版社 2009 年版，第 47 页。

[5]　陈自强：《民法讲义 II》，法律出版社 2004 年版，第 82 页。

[6]　叶启洲：《保险法专题研究》（一），元照出版有限公司 2007 年版，第 85 页。

或丧失不利益而已。[1] 我国《合同法》第119条规定[2]的"减损义务"就属于不真正义务。我国台湾地区法令也有不真正义务的规定，如"民法"第217规定："损害之发生或扩大，被害人与有过失者，法院得减轻赔偿金或免除之。重大之损害原因，为债务人所不及知，而被害人不预促其注意或怠于避免或减少损害者，为与有过失。"这是被害人对于自己利益照顾之不真正义务的规定。[3] 不真正义务属于一种强度较弱的义务，[4] 我国台湾地区著名学者王泽鉴先生曾强调指出，这种不真正义务，在"保险法"上最为常见。[5]

坚持通知义务为"不真正义务"的学者有方乐华先生，他认为："通知规则中的投保方义务的性质属于不真正义务。"[6] 学者伍坚也坚持认为"不真正义务说"更加具有说服力，他认为："如果采用附随义务说，因为附随义务只有合同当事人才能承担，这样就无法解释为何被保险人甚至受益人也要承担这一义务。相反，将通知义务界定为'不真正义务'就可以很好地解释这一点，因为不真正义务的义务人并不限于合同当事人。"[7]

3.通知义务之属性选择：不真正义务说

在保险运作过程中，被保险人的通知义务并非一开始就确定，必须有危险事故发生或受害人对被保险人提出赔偿请求后，被保险人才产生该义务。然而，该义务的属性究竟如何在大陆法系下进行归类呢？对此问题的解答，可以从违反通知义务的法律效果进行解答。就附随义务而言，违反附随义务的法律后果，原则上债权人不可以解除契约，就自己遭受的损害，他可以请求损害赔偿。就不真正义务而言，违反不真正义务的法律后果，相对人不得请求履行，违反后也不会发生损害赔偿责任，仅是使负担该义务的人遭受权利减损或丧失不利益。

---

[1] 江朝国：《保险法逐条释义》（第二卷　保险契约），元照出版有限公司2013年版，第396—397页。

[2] 《中华人民共和国合同法》第119条规定："当事人一方违约后，对方应当采取适当措施防止损失的扩大；没有采取适当措施致使损失扩大的，不得就扩大的损失要求赔偿。"

[3] 李志峰：《论被保险人于危险事故发生后之通知义务》，载《东吴法律学报》2012年第1期。

[4] 汪信君：《保险法告知义务之义务性质与不真正义务》，载《台大法学论丛》2007年第1期。

[5] 王泽鉴：《民法概要》，中国政法大学出版社2003年版，第168页。

[6] 方乐华：《保险与保险法》，北京大学出版社2009年版，第268页。

[7] 伍坚：《论保险法中的出险通知义务》，载《保险研究》2008年第5期。

相比而言，采用"附随义务说"，对保险人可能更为有利，因为被保险人没有履行通知义务，造成保险人损害后，保险人可以向被保险人请求损害赔偿，这符合公平原则。采用"不真正义务说"，对被保险人可能更为有利，因为被保险人没有履行通知义务，只是造成自己现有权利的减少或丧失。

有学者曾言："任何完整的法律规范都是以实现特定的价值观为目的，并评价特定的法益和行为方式，在规范的事实构成与法律效果的联系中总是存在着立法者的价值判断。"[1] 由于《中华人民共和国保险法》制定的初衷即在于保护保险合同弱势一方——被保险人的利益，采用"不真正义务说"比较符合《保险法》制定的初衷。此外，"不真正义务说"也较符合学者观点，在德国，大多数学者坚持认为，通知义务是投保人对自己应负的不真正义务。[2]

总之，依据大陆法系义务群的分类，应将通知义务归类于不真正义务，保险人不得以诉讼方式请求被保险人履行，仅在被保险人违反该义务时，保险人可以主张减免原来依据保险契约应该负担的保险义务。

（二）违反通知义务之法律后果："损害赔偿说"

在违反通知义务后，究竟会导致何种法律后果，这对保险合同当事人而言至关重要，因而一直是合同当事人关注的焦点。针对被保险人违反通知义务的法律后果，各个国家或地区的立法规定各不相同，归纳起来主要有三种模式：

1. 损害赔偿模式

采取这种模式的有我国台湾地区以及美国大多数州。我国台湾地区"保险法"第 63 条规定："要保人或被保险人不于第五十八条，第五十九条第三项所规定之期限内为通知者，对于保险人因此而受之损失，应负赔偿责任。"无论被保险人迟延履行通知义务是处于故意还是过失，或者是否对保险人造成损害，原则上保险人只能就其所遭受的损害请求被保险人承担损害赔偿责任，即减少赔偿保险金的数额，而不能解除保险合同。

2. 拒赔模式

采取这种模式的典型代表是德国、法国。2008 年《德国保险契约法》第

---

[1]　[德] 魏德士：《法理学》，丁晓春、吴越译，法律出版社 2005 年版，第 52 页。

[2]　叶启洲：《保险法专题研究》（一），元照出版有限公司 2007 年版，第 92 页。

30条规定："（1）投保人在知晓保险事故发生后应立即通知保险人。在存在第三受益人的保险中，该受益人也应当履行上述通知义务。（2）在投保人违反上述通知义务的情形下，保险人可以拒绝承担保险责任，但保险人已通过其他方式及时获悉的除外。"2005年《法国保险契约法》也有相似规定，第L113-2条第4款规定："如果双方当事人在保险合同中规定了通知条款，只要保险人能够证明因为被保险人对保险事故的迟延通知导致其遭受损失，则其可以拒绝承担保险责任。但是，如果被保险人迟延通知的事实是由于意外事故或不可抗力原因造成的，则保险人不能行使前款所规定的权利。"按照《德国保险契约法》的规定，只要投保人或者受益人迟延通知，无论保险人是否遭受损害，其都可以拒赔；但依照《法国保险契约法》的规定，如果迟延通知给保险人带来损失，其才可拒赔，这两者之间是有差别的。

3. 损害赔偿与拒赔并存的模式

采取该种模式的典型代表是意大利。《意大利民法典》第1913条和第1915条规定："如果发生事故，被保险人有义务在三日内通知保险人。""如果他没有如此作为，那么保险人有权请求根据遭受的损害相应减少应支付的赔偿金；如果被保险人故意不履行通知保险人的义务，那么其将丧失要求保险人支付赔偿金的权利或者导致赔偿赔偿金减少。"由此规定而知，《意大利民法典》根据被保险人迟延履行通知义务时的主观过错程度分别规定了两种不同的法律后果。在被保险人故意违反索赔通知义务时，保险人可以拒绝承担保险责任；在被保险人因过失违反索赔通知义务时，保险人可以请求被保险人承担损害赔偿责任，并相应减少赔偿保险金的数额。

4. "损害赔偿与拒赔并存模式"之可行性

现代保险法的发展趋势是注重保护作为经济上弱者的被保险人的合法权益，所以，各国的保险立法都逐渐向损害赔偿模式过渡。但事实上，仅有损害赔偿模式是不够的，特别是考虑到保险合同的性质是最大诚信合同，对于被保险人恶意不通知或迟延通知的行为，应当更多地去考虑保险人的利益。因此，我国的保险立法应当采取第三种模式，即规定损害赔偿与拒赔并存的模式。[1]具体到责任保险中，双方当事人可以在保险合同中约定：①当被保险人由于过失违反通知义务的，保险人可以相应减少赔偿的保险金的数额；②当被保险人故意违反通知义务的，保险人可以解除保险合同并拒绝承担保险责任。通过上述规定，明晰了双方当事人的权利义务，并有利于保险纠纷的顺利解决。

第四节　大规模侵权责任保险之责任范围与除外责任

大规模侵权责任保险作为责任保险中的一种特殊类型，对其责任范围和除外责任的理解，可以回归一般责任保险做探讨，再对其不同之处另外指出即可。

一、大规模侵权责任保险之承保范围

（一）责任保险之承保责任范围

在一般财产保险中，保险标的存在于特定的具体物上，如房屋、船舶、汽车，等等，概念较为清晰，范围较为确定；责任保险的保险标的，既不是人身，也不是有形的动产或不动产，而是被保险人对于第三人所负担的损害赔偿责任。此种赔偿责任须具备下列要件：

1. 被保险人对受害人应负的赔偿责任

作为责任保险标的的"赔偿责任"，必须为被保险人对于受害人所应负的赔偿责任。受害人指被保险人意外的任何人，唯独不包括被保险人自己在内。因此，被保险人纵使投保机动车责任保险，如果该机动车发生车祸，致使被保险人自己受伤，保险人也无须承担赔偿责任。

---

[1]　于2009年10月1日起施行的新《中华人民共和国保险法》第21条规定：投保人、被保险人或者受益人知道保险事故发生后，应当及时通知保险人。故意或者因重大过失未及时通知，致使保险事故的性质、原因、损失程度等难以确定的，保险人对无法确定的部分，不承担赔偿或者给付保险金的责任，但保险人通过其他途径已经及时知道或者应当及时知道保险事故发生的除外。由此可见，《中华人民共和国保险法》仅规定了被保险人因故意或重大过失违反通知义务的情形下，保险人可以就无法确定的部分拒绝承担责任。但对于被保险人因一般过失未及时通知的情况下，保险人能否请求被保险人承担损害赔偿责任，并相应减少赔偿保险金数额去并未做出明确规定，因此，在将来修改保险法之际应进一步改进。

2. 必须为民事损害赔偿责任

责任保险标的的赔偿责任，必须属于民事责任，如果被保险人所应负的责任为刑事责任，或者为行政责任，则不得为大规模侵权责任保险的标的。此外，非损害赔偿责任，也不能成为责任保险的标的。例如，被保险人致人损害而应当承担的赔礼道歉的民事责任，不得成为责任的标的。

3. 必须是依法应负的非故意责任 [1]

"所谓故意，即行为然对于自己行为明知并有意使其发生一定之结果，或预见其发生而其发生并不违反其本意者是。" [2] 将被保险人故意导致保险事故发生的行为排除在保险合同保障范围之外，是各国保险立法均有的规定。赔偿责任必须是由被保险人非其所愿、所求的意外事件所造成。

被保险人对受害人应当承担的损害赔偿责任，或为侵权损害赔偿责任，或为保险合同约定的违反合同而发生的其他赔偿责任，均属于民事责任的范畴。[3] 责任保险因分散侵权责任的必要而发生，侵权损害赔偿责任作为责任保险的标的，当无疑义。侵权损害赔偿责任以外的民事责任，可否成为责任保险的标的，理论和实务均未取得一致立场，对此主要有三种观点 [4]：

（1）责任保险的标的仅限于非故意的侵权责任，因为合同义务的不履行而发生的赔偿责任，不得为责任保险的标的。责任保险最为发达的美国，绝大多数法院的判例均将合同责任排除于责任保险的承保范围以外，学者也多认为责任保险的标的，应当为侵权行为造成人身或者财产损害而发生的责任。[5] 英国学者克拉克也认为：对于违约责任的承保通常被排除，即使同一情况可能导

---

[1] 在一般责任保险中，赔偿责任必须是由被保险人的过失行为引发的责任，但在强制责任保险中，对于被保险人故意行为引发的责任，保险人也应先行垫付受害人的损害赔偿金，事后，他可以向实施故意行为的被保险人进行追偿。所以，"赔偿责任必须是非故意责任"这一条件，在强制责任保险中并不适用，但本书主要探讨一般责任保险。

[2] 袁宗蔚：《保险学——危险与保险》，首都经济贸易大学出版社 2000 年版，第 549 页。

[3] 邹海林：《责任保险论》，法律出版社 1999 年版，第 51 页。

[4] 邹海林：《责任保险论》，法律出版社 1999 年版，第 52—53 页。

[5] Kennith S. Abraham, *Insurance Law and Regulation*, The Foundation Press, 1990, pp.483-504.

致侵权责任的发生。[1] 我国台湾地区王卫耻先生也认为："责任保险的标的，只限于侵权责任，对于合同责任的承保，属于保证保险的范畴。"[2]

（2）责任保险的标的主要为侵权责任，在侵权责任之外，合同责任可以约定为责任保险的标的。我国台湾地区学者袁宗蔚先生认为："责任保险的标的，应当以因为法律规定而负担的损害赔偿责任为限，但是合同责任在保险合同有特约时，亦可包括在责任保险的标的范围内。"[3] 崔建远先生也认为："责任保险中之责任，主要为侵权责任，其次为合同责任。"[4]

（3）当事人未履行或者不适当履行合同而应当承担的违约赔偿责任，行为人因为过失致人损害而应当承担的赔偿责任，行为人依照法律规定应当承担的无过失赔偿责任，均可以约定为责任保险的标的。我国台湾地区桂裕先生认为："责任保险的标的，是故意引起的责任以外的民事赔偿责任，以被保险人因其行为、过失或特定法律关系而发生法律上的赔偿责任为限；责任保险的标的，可以是违反合同的损害赔偿责任，也可以是侵权损害赔偿责任。"[5]

第一种观点将责任保险与侵权责任联系在一起，与利用责任保险分散侵权赔偿责任风险的原始目的较为相符。这种观点将故意侵权责任排除于责任保险的适用范围，突出了责任保险分散侵权损害赔偿责任的意义，对于责任保险承保的风险的意外性具有显著价值。但是，第一种观点也有明显的不足，它未能反映现代责任保险制度适用的扩张趋势，将责任保险限定于侵权责任，而将违反合同的赔偿责任排除于责任保险的范畴，与责任保险已经适用于违反合同的赔偿责任的现状不符。例如，雇主责任保险、专家责任保险。第二种观点和第三种观点将违反合同的赔偿责任纳入责任保险的标的范围，可以满足现代责任保险制度的发展趋势。在理论上，因为违反合同而产生的赔偿责任，虽然可以借助于信用保险或保证保险加以分散，但利用责任保险分散此等赔偿风险并无

---

[1]　[英]M·A·克拉克：《保险合同法》，何美欢、吴志攀等译，北京大学出版社2002年版，第409页。

[2]　王卫耻：《实用保险法》，文笙书局1981年版，第319页。

[3]　袁宗蔚：《保险学》，合作经济月刊社1981年版，第355页，转引自邹海林：《责任保险论》，法律出版社1999年版，第52页。

[4]　崔建远：《合同责任研究》，吉林大学出版社1992年版，第45页。

[5]　桂裕：《保险法论》，三民书局1984年版，第330页。

不可，而且对赔偿义务人较为有利。[1]再者，当侵权责任与合同责任发生竞合时，利用责任保险分散被保险人的赔偿责任，非将之"说成"为侵权责任之责任保险，恐怕也不妥当；以医师的专家责任、律师的专家责任等为标的而成立的责任保险，实为以合同责任为标的的责任保险。因此，违反合同的赔偿责任，可以依照保险合同的约定作为责任保险的标的。

综上，责任保险标的，可以为侵权损害赔偿责任，也可以为违反合同的损害赔偿责任。例如，中国平安财产保险股份有限公司平安雇主责任保险（2008版）第三条规定："在保险期间内，被保险人的雇员在其雇佣期间因从事保险单所载明的被保险人的工作而遭受意外事故或患与工作有关的国家规定的职业性疾病所致伤、残或死亡，符合国务院颁布的《工伤保险条例》第十四条、第十五条规定可认定为工伤的，依照中华人民共和国法律（不包括港澳台地区法律）应由被保险人承担的经济赔偿责任，保险人按照本保险合同约定负责赔偿……"

（二）大规模侵权责任保险之承保责任范围

由大规模侵权责任保险之名称而知，该保险承保责任范围主要是大规模侵权行为导致的损害赔偿责任。该损害赔偿责任除满足一般责任保险的承保责任的特征，仍有侵权损害赔偿责任的特殊要求。

并非所有的侵权责任皆可称为大规模侵权责任保险的承保范围。侵权责任，依照我国法律的相关规定，主要分成三类：一类是过错侵权，过错（包含故意或过失）未承担责任的原因；另一类是行使权利侵害了他人的利益，依法律的特别规定承担责任，不以有无过错为要件，行使权利侵害他人利益为承担责任的原因；再一类就是当事人确无过错，依社会公平观念确认责任，公平为承担责任的原因。[2]这三类分别是过错责任、无过错责任和公平责任，对于被保险人因过失而需要承担的侵权责任，显著区别于被保险人希望追求的责任，因而

---

[1]　保证保险和信用保险与责任保险具有根本的差别。特别是，保险人依照保证保险或信用保险承担给付保险金的责任后，对应当承担给付责任的"被保证人"有追偿权；保证保险或信用保险的"被保证人"并非合同当事人，而被保险人只能为"被保证人"的权利人。与之不同，责任保险的被保险人为赔偿义务人，保险人在承担保险责任后，对赔偿义务人没有追偿权。在这个意义上，保证保险和信用保险不具有分散"义务人"的给付责任的机能，而责任保险则具有分散义务人的给付责任的机能。

[2]　刘士国：《现代侵权损害赔偿研究》，法律出版社1998年版，第56页。

具有意外性，可以成为大规模侵权责任保险的标的，而对于被保险人的故意行为造成的侵权责任，大规模侵权责任保险原则上不应该予以承保。《中华人民共和国保险法》虽然没有明文规定，被保险人故意造成的侵权责任，不得成为责任保险的标的，但是通过《中华人民共和国保险法》第 27 条第 2 款关于"故意制造保险事故"的规定可以解释认为，被保险人故意致人损害而应当承担的损害赔偿责任，不得为大规模侵权责任保险的标的。

综上所述，结合大规模侵权责任保险的特征，在大规模侵权责任保险中，责任范围应当是被保险人依法应当承担的非故意的侵权损害赔偿责任。

二、大规模侵权责任保险之除外责任

投保人与保险人签订大规模侵权责任保险合同时，保险人应依合同的规定，对被保险人致人损害的赔偿责任予以保险赔偿。然而，保险的目的和功能在于"消化损失、分散危险"，并非被保险人致人损害的所有赔偿责任，均可以通过保险予以转嫁。保险人的赔偿责任，以法律的规定或合同的约定为限。如果被保险人致人损害的赔偿，依法律的规定或保险单的约定不属于保险责任范围而保险人不承担赔偿责任的，则为大规模侵权责任保险的除外责任。具体而言，除外责任就是保单列明的不负赔偿责任的范围。除外责任是大规模侵权责任保险制度的一个重要内容，它直接关系到保险人的保险责任。除外责任通常包括法定除外责任和约定除外责任两类。就法定除外责任而言，为了防止保险对现有法律秩序的冲击，削弱法律的制裁功能，法律规定了某些除外事项。就约定除外事项而言，哪些事项应当排除在保险责任以外通常取决于保险人对风险的评估以及投保人所支付的保险费金额，对于风险较高的责任事故，保险人和投保人可以约定除外。

在保险理论和实务上，关于除外责任的性质及范围颇有争议。除外责任在保险实务上有除外（exceptions）和不包括（exclusions）之争。[1]

美国学者彼德森认为，保险合同通常包括两种不同类型的约定以限制保险人的责任：①对保险事故引起的结果（consequences）的限制；②对保险事故发生的原因（causes）的限制。前者为不属于保险事故范围内的事件，被称为

---

[1] 邹海林：《责任保险论》，法律出版社 1999 年版，第 204 页。

不包括的危险（excluded events）；后者为不属于引起保险事故发生的原因，又被称为除外危险（excepted causes）。[1] 彼德森先生进一步将除外危险划分为除外的原因（excepted causes）、除外事件（excluded events）和除外结果（excluded results），并认为它们在法律上具有不同的效果。或许因为在实践中区分除外的"原因、事件和结果"较为困难，以至于对上述的区别尚未取得共识。[2] 依照上列说法，除外危险（exceptions）是对"事故"发生的原因的排除，而不包括之危险（exclusions）是对事故本身的排除。

美国学者肯特先生认为，除外责任实际是由包括的除外责任（conclusive exclusions）和不包括的除外责任（inconclusive exclusions）组成的；不论损失的发生是否还有其他原因，将因为特定的原因而造成的损失排除于保险责任之范围，为包括的除外责任；将因为不以包括在内的原因为限所引起的损失排除于保险责任范围，为不包括的除外责任。[3] 我国台湾地区著名的保险法学者桂裕先生采纳上述见解，他认为："除外之危险，为原属包括在内之危险，若不明文予以排除，即应予以包括；不包括之危险，为原非包括在内之危险，因有明文予以包括，故在其列。若于本非'除外'之危险，而用'不包括'之字样者，其意义与'除外'相等。""统称'除外责任'者，兼指当然不包括之危险与非当然不包括之危险二项：辨别之，前者谓依法律或通例应不包括在内之危险，后者谓非经明示除外即应包括在内之危险。"[4]

在我国保险实务上，对保险人不承担保险责任的所有"事故"或"危险"，均称为除外责任，至于除外责任依其性质为除外原因还是除外事件，并没有加以严格区别。上述关于除外责任分为包括的除外责任和不包括的除外责任之理论，对我国保险理论及其实务确有直接的借鉴意义。[5] 例如，《中华人民共和国保险法》中规定的保险人不承担保险责任的事由，像被保险人的故意行为，应列为不包括的除外责任；而在保单中约定的除外责任，则为包括的除外责任。

---

[1]　Edwin W. Patterson, *Essential of Insurance Law*, 1957, p.249.

[2]　Kenneth S. Abraham, *Insurance Law and Regulation,* The Foundation Press, Inc., 1990, p.241.

[3]　Kenneth S. Abraham, *Insurance Law and Regulation*, The Foundation Press, Inc., 1990, p.241.

[4]　桂裕：《保险法论》，三民书局 1984 年版，第 162 页。

[5]　邹海林：《责任保险论》，法律出版社 1999 年版，第 205 页。

本书认为，具体到大规模侵权责任保险中，除外责任也主要分成这两种：法定的除外责任和约定的除外责任。法定的除外责任在性质属于不包括的除外责任，而约定的除外责任则为包括的除外责任。

（一）法定除外责任

法定除外责任，是指保险人对被保险人致人损害的赔偿责任，不须约定而免予承担保险责任的情形。法定除外责任因法律的明文规定而发生，也可因保险习惯（默示条款）而发生。[1] 依照法理和我国保险法的相关规定，法定的除外责任主要表现在以下几个方面：

1. 道德风险

道德风险不属于保险危险的承保范畴，保险人对之不承担保险责任是保险法上公认的准则，具有强行法的特征，不得以当事人的约定排除其适用，我国现行保险法对此类除外责任予以肯定。如《中华人民共和国保险法》第27条规定："未发生保险事故，被保险人或者受益人谎称发生了保险事故，向保险人提出赔偿或者给付保险金请求的，保险人有权解除合同，并不退还保险费。投保人、被保险人故意制造保险事故的，保险人有权解除合同，不承担赔偿或者给付保险金的责任；除本法第四十三条规定外，不退还保险费。保险事故发生后，投保人、被保险人或者受益人以伪造、变造的有关证明、资料或者其他证据，编造虚假的事故原因或者夸大损失程度的，保险人对其虚报的部分不承担赔偿或者给付保险金的责任。"具体到大规模侵权责任保险中，道德风险的除外责任主要体现在被保险人的故意制造保险事故。

在一般财产保险中，保险人所承保的保险事故，必须因为"偶发性"行为所致，故意所导致的损害，不在承保的范围内。即根据保险原理，保险所承保的危险，对被保险人来说必须是意外发生和非故意的造成的。可保风险最大的特点是或然性，是当事人意料之外偶然发生的。[2] 偶然和非故意损失的要求由于两个原因而非常重要：①如果对故意损失进行赔付，就会大幅增加道德危险，其结果是提高保费。保费的大幅度增加将会导致更少的人购买保险，保险公司

---

[1]　邹海林：《责任保险论》，法律出版社1999年版，第205页。

[2]　李玉泉：《保险法》，法律出版社2003年版，第10页；江朝国：《保险法基础原理》，中国政法大学出版社2002年版，第21页。

可能就没有足够多的风险单位来预测未来损失。②故意行为导致的损失并不是随机事件，因为被保险人知道损失将在什么时候发生，所以，如果故意造成的损失或非随机损失大量发生，未来损失情况的预测就会非常不准确。[1] 因此，对于被保险人恶意或故意所导致的保险事故成为保险人的除外责任，被保险人无权取得因其故意行为所造成的损害填补。

在大规模侵权责任保险契约中，如果未加任何限制，则应当包括因为意外事故所致损害的责任，被保险人过失所致损害的责任。[2] 如果是故意为之，应自担责任，法律对此已明文规定。保险公司不能通过保险合同为被保险人的故意行为提供保险，因为这违背了公共利益，公共政策禁止对被保险人的故意侵权行为造成的伤害进行保险赔偿，此已成为公认的保险法原则。传统的保险法理论都将故意侵权行为列为责任保险中的除外危险，主要基于以下几点原因：[3] 首先，公共政策不允许保险人为故意侵权行为提供赔付。其次，"故意侵权行为为除外危险"属于法定的默示条款（implied covenant），即使保单没有明文规定，也应当视其隐藏在字里行间。此已属于保险法里的经典理论，就如同最大诚信原则一样，不必单独列明。最后，因为故意的行为不属于偶然事故，不具备可保性。比如，处于运输过程中的谷物，由于水分的蒸发而造成损耗，这属于自然现象，并不具备偶发性，因而不属于保险事故的应有范围。承保风险必须是人力不可预知、不可控制的，如果不具备此要求，保险就极易成为心术不正之人牟利的工具，使其铤而走险来图得保险赔付金。在大规模侵权责任保险里，自然就会助长被保险人从事侵权行为。

在大规模侵权责任保险中，对于故意行为所导致的损害赔偿是否在任何情况下都无法成为承保范围呢？在很大程度上讲，大规模侵权责任保险有为受害人利益存在的必要，虽然被保险人故意侵权的事实已经确定，可被保险人可能存在无法偿还的问题，即便对其惩罚也改变不了受害人无处索赔的困境。既然大规模侵权责任保险具有保护受害人的目的，是否可变通责任保险理论使受害人获得补偿已成为理论界探讨的热点问题。本书认为，在大规模侵权责任保险

---

[1] [美]乔治·E·瑞达：《风险管理与保险原理》，刘春江、王欢译，中国人民大学出版社 2010 年版，第 29 页。

[2] 桂裕：《保险法论》，三民书局 1984 年版，第 346 页。

[3] 黄勇、李之彦：《英美保险法经典案例评析》，中信出版社 2007 年版，第 256-266 页。

中，故意行为均属于除外危险这一传统看法应有所改变，被保险人的某些故意行为在有些情况下可以不再列入除外危险。

如在机动车强制责任保险中，责任保险的保险人，只承保偶发性的保险事故，对于被保险人的故意侵权行为所发生的损害不负赔偿之责。这是从填补被保险人损失，避免被保险人不法行为，预防道德危险的观点所得到的结论。但是，如果从受害人受害之后求偿的可能性探讨，则即使被保险人的行为处于故意，保险人也应该负赔偿保险金的义务。此种思想随着法律保护人身法益思潮的发展，及基于公共政策的考虑，在机动车强制责任保险中获得肯定。如我国台湾地区"强制汽车责任保险法"第29条第1项第3款规定："保险人或汽车交通事故特别补偿基金对于被保险人或是未投保人故意行为所致的事故，必须对被害人负赔偿或补偿责任，只是理赔或补偿之后，对加害人可以行使代位权而已。"[1]

也许有人会质疑，如果被保险人违反了刑事法律，给别人带来伤害并造成损失，而保险人还要为其赔偿，这与公共政策的目的是背道而驰的。另外，要是一个人能因故意过错获得保险补偿的话法律也就起不到阻吓作用，没有人能从自己的过错中获利。"强制执行保单并不是要奖励错误的攻击，并不是要鼓励不法行为。它并不会引起非法的诱惑。从常识来看，合同本身和受害人受偿都无悖于公共政策……获利的轻微可能——即在很远的将来，当他储备到一笔等于他判处的损失赔偿金时，也将不必向受害人支付——实在太遥远了，太不确定了，法院不能将这种含糊的结果（因不是由所规定的解除经济责任的保护引起的）作为取消保险合同的公共政策理由。"[2] 所以，被保险人的故意行为在现代的大规模侵权责任保险中，也可以成为其承保危险。

2. 已经发生的保险事故

保险是一种处理危险的制度，但并不是所有破坏财产和威胁人身安全的危险，保险人都要承保。只有具备一定条件的危险，保险人才可能接受投保人的投保，此"具备一定条件的危险"，就是可保危险。一般认为可保危险必须具

---

[1]　刘宗荣：《新保险法：保险契约法的理论与实务》，中国人民大学出版社2009年版，第121页。

[2]　[英]M·A·克拉克：《保险合同法》，何美欢、吴志攀等译，北京大学出版社2002年版，第665页。

有以下几个特点：[1]纯粹性、可能性、不确定性、意外性、未来性和同质性。保险仅对将来不确定发生的危险予以承保，如果已经发生的危险，当然不能适用保险。具体到大规模侵权责任保险中，特别是环境污染责任保险，因为有些损害是累积性、渐进性发生的，在保险人承保之前，有些危险已经发生，但只要受害人的索赔发生在保险期间内，保险人仍应承担保险责任。

（二）约定除外责任

约定除外责任是指依照保险合同的约定，保险人对被保险人致人损害的赔偿责任免予承担保险责任的情形。仔细观察，我国诸多的大规模侵权责任保险契约，约定的共同的除外责任主要有以下几种：

（1）军事冲突。因为战争、类似战争行为、叛乱或武力侵占等事件的发生直接或间接地造成第三人损害，被保险人依法应当承担的赔偿责任。

（2）罢工暴动、民众骚乱。因为罢工暴动、民众骚乱等事件直接或间接地造成第三人损害，被保险人依法应当承担的赔偿责任。

（3）核危险。因为核反应、核辐射、放射性污染等核危险直接或间接地造成第三人损害，被保险人依法应当承担的赔偿责任。

（4）天灾。因为飓风、洪水、地震等自然原因直接或间接地造成第三人损害，被保险人依法应当承担的赔偿责任。

对于上述四类主要的约定除外责任，我国众多的大规模侵权责任保险中均有体现。如中国太平洋财产保险股份有限公司《安全生产责任保险条款》明确约定了保险人的除外事项，其第五条明确规定："下列原因造成的损失、费用和责任，保险人不负责赔偿：（一）投保人、被保险人或其工作人员的故意行为；（二）战争、敌对行动、军事行为、武装冲突、罢工、暴动、骚乱、恐怖主义活动；（三）核爆炸、核裂变、核聚变；（四）雷击、暴雨、暴风、洪水、暴雪、冰雹、沙尘暴、冰凌、泥石流、崖崩、突发性滑坡、火山爆发、地面突然塌陷、地震及其次生灾害、海啸及其他人力不可抗拒的破坏力强大的自然现象；（五）行政行为或司法行为；（六）被保险人或其工作人员的犯罪行为；（七）被保险人的工作人员受酒精、毒品或管制药品影响；

---

[1] 樊启荣：《保险法》，北京大学出版社 2011 年版，第 151 页。

（八）被保险人的工作人员实施自残或者自杀行为；（九）在工作时间和工作岗位，被保险人的工作人员因投保时已患有的疾病发作或分娩、流产导致死亡或者在 48 小时之内经抢救无效死亡的；（十）职业病；（十一）放射性污染及其他各种环境污染。"其《火灾公众责任保险条款》第五条也明确规定："下列原因造成的损失、费用或责任，保险人不负责赔偿：（一）战争、敌对行为、军事行动、武装冲突、恐怖主义活动、罢工、暴动、骚乱、行政行为、司法行为；（二）核爆炸、核辐射；（三）大气污染、土地污染、水污染和其他各种污染；（四）自然灾害；（五）被保险人或其家庭成员、雇员、代表的故意行为、重大过失。"中国平安财产保险股份有限公司《平安食品安全责任保险条款》第六条也规定："下列原因造成的损失、费用和责任，保险人不负责赔偿：（一）投保人、被保险人及其代表的故意行为或重大过失；（二）战争、敌对行动、军事行为、武装冲突、罢工、骚乱、暴动、恐怖活动；（三）核辐射、核爆炸、核污染及其他放射性污染；（四）大气污染、土地污染、水污染及其他各种污染；（五）行政行为或司法行为；（六）地震、火山爆发、海啸、雷击、洪水、暴雨、台风、龙卷风、暴风、雪灾、雹灾、冰凌、泥石流、崖崩、地崩、突发性滑坡、地面突然下陷等自然灾害；（七）食品超过规定的保质期限；（八）专供婴幼儿的主、副食品不符合国务院卫生行政部门制定的营养标准；（九）被保险人违反《食品卫生法》的规定，雇佣患有痢疾、伤寒、病毒性肝炎等消化道传染病（包括病源携带者），活动性肺结核、化脓性或者渗出性皮肤病以及其他有碍食品卫生的疾病的人员，参加接触直接入口食品的工作。"

第五章　我国采行大规模侵权强制责任保险之可行性

第一节　强制责任保险之基本原理

一、强制责任保险之异质性

从本质上讲，保险是缔约当事人基于自由意志而达成保险契约的法律行为。但由于人类越来越多地从事高危活动以及出于对未来社会生存无法进行安全预期的担忧，强制责任保险逐渐从传统的责任保险分离出来，演变成为一种在政府主导下由特定义务主体必须购买的保险险种，这种新的责任保险形式在一定程度上背离了自愿和契约自由等法律原则，而呈现出不同于传统责任保险的"异质性"特征。

（一）强制责任保险之含义

强制责任保险，又称法定责任保险，是指依照国家的法律规定，投保人（被保险人）必须向保险人投保而成立的责任保险。例如，机动车第三者强制责任保险。[1] 又有学者言："强制责任保险是根据各种规范性法律文件的规定而强

---

[1]　邹海林：《责任保险论》，法律出版社 1999 年版，第 72 页。

制建立的，某些特殊义务主体必须参与投保、另一些特殊义务主体必须要承保的一种制度。强制责任保险的效力来自于各种规范性法律文件的强制规定，通过强制投保和承保，保障责任事故中的第三人权益，合理分担大规模侵权的赔偿风险，并实现强制责任保险的社会公益性。"[1]归纳上述两个学者的观点，我们不难发现，强制责任保险的内涵至少应该包括三个层面的意义：①依照法律、行政法规的规定，特定的主体必须投保某种险种，投保人不能选择是否投保，没有投保的，依照法律的规定将受到一定的惩罚；②特定的义务主体必须开办强制责任保险业务，如果投保人的投保要求符合法律的规定，保险人就不能拒绝承保；③保险人和投保人之间的权利义务关系以法律或法规的形式加以确认，并订立保险契约。

由上述内涵而知，强制责任保险与一般责任保险存在诸多差异：①在一般责任保险中，投保人可以根据自己的自由意志选择是否订立责任保险契约，而保险人也可以选择是否承保，法律无权干涉；而在强制责任保险中，投保人的投保和保险人的承保都是法律强制要求的义务，任何人不得违反。②目的不同。一般责任保险的目的在于帮助被保险人分散风险，消化损失；而强制责任保险除上述目的外，其最主要的目的还在于保护受害人之利益，在风险事故发生后，帮助受害人及时地获得赔偿。③保险金额和保费确立方式不同。在一般责任保险中，保险人和被保险人可以协商确定保险金额和保费；而在强制责任保险中，出于公共政策的考量，政府往往会指导强制责任保险的运作，对于保险金额与保费，保险监督管理部门会做出指导性规定并随着经济发展适时调整。

强制责任保险是国家推行社会公共政策而规定的保险，对契约自由原则予以极大的限制，且与一国的社会状况、文化和经济的发展有相当程度的关联，其适用必然会有一定的限度。在英美法系国家，以美国、英国为代表，美国的强制责任保险主要有机动车第三者责任强制保险、雇主责任保险、环境责任强制保险、船舶油污责任强制保险、医疗责任强制保险等；英国的强制责任保险主要有机动车强制责任保险、雇主责任保险等。在大陆法系国家，以德国、日本为代表，德国的强制责任保险主要存在于两个方面：①保险标的为适用严格

---

[1]　于海纯：《我国食品安全责任强制保险的法律构造研究》，载《中国法学》2015 年第 3 期。

责任归责原则产生的损害赔偿责任强制保险，如机动车强制责任保险、航空器强制责任保险、环境责任强制保险、核设施运营强制责任保险、药品瑕疵强制责任保险、狩猎者强制责任保险、转基因食品强制责任保险等；②保险标的为专家责任的强制保险，如律师强制责任保险、公证人强制责任保险、审计师强制责任保险、税务顾问强制责任保险等。[1] 日本存在的强制责任保险主要有机动车强制责任保险、雇主责任险等。

依照上述各国强制责任保险的种类，本书归纳指出，具有普遍性的强制责任保险主要有两种：①机动车强制责任保险。机动车责任保险是机动车交通事故救济或者补偿的重要内容，该制度是否完善关系到人们的出行安全，为了保障第三人的利益，机动车的所有人或使用人在公共道路上使用机动车时，必须投保机动车强制责任保险。如德国《汽车持有人强制责任保险法》第1条规定："国内用于公共道路或公共场所且有固定驻地的汽车及拖车，其持有人为担保因使用汽车所造成他人人身、财产以及其他财产损害，有义务依本法规定为自己、所有人及驾驶人订立汽车责任保险合同。"②雇主责任保险。雇主责任保险是责任保险制度的先驱，整个责任保险制度都是在雇主责任保险的基础上得以发展和完备的。

（二）强制责任保险之法律特征

强制责任保险的形成并不完全取决于投保人和保险人之间的意思自治，而是受到法律的诸多限制和影响，因此，强制责任保险具有一般责任保险所不具备的如下特征：

1.法定强制性

法定性与强制性的结合是强制责任保险的首先特征，这一特征主要表现在三个方面[2]：

（1）所谓法定性是指强制责任保险的实施必须以法律为依据，未经法定程序，不得推行强制责任保险。根据我国有关法律的规定，某些特定的群体或

---

[1] 郭锋、杨华柏、胡晓珂、陈飞：《强制保险立法研究》，人民法院出版社2009年版，第97—103页。

[2] 郭锋、杨华柏、胡晓珂、陈飞：《强制保险立法研究》，人民法院出版社2009年版，第12—13页。

行业必须投保强制责任保险。在现代社会中，为了满足社会进步的要求，社会可能会允许某些危险活动的存在，但要求相关的群体或行业必须承担绝对责任，如产品责任等。为平衡社会文明进程中各方的利益，需要引入责任保险机制来对社会化损失进行合理分担。因此，以制定法的形式来确立强制责任保险中各方的权利义务，成为政府管理社会事务中的一种必然选择。

（2）强制责任保险的强制性源自法律的强行性规则的制定，这种强制性一般表现为投保的强制性和承保的强制性。首先，就投保的强制性而言，对于符合法律规定条件的投保人必须投保强制责任保险。如果不依法投保强制责任保险，保险的效力并不当然发生，但法律会对投保人不投保的行为予以相应的制裁，迫使符合强制责任保险条件的投保人主动履行投保强制责任保险的义务。以机动车强制责任保险为例，我国《机动车交通事故责任强制保险条例》第4条第2款规定："公安机关交通管理部门、农业（农业机械）主管部门（以下统称机动车管理部门）应当依法对机动车参加机动车交通事故责任强制保险的情况事实监督检查。对未参加机动车交通事故责任强制保险的机动车，机动车管理部门不得予以登记，机动车安全技术检验机构不得予以检验。"由此可知，如果机动车所有人未按照相关法律法规的规定购买机动车交通事故责任强制保险合同，就无法取得机动车驾驶牌照并不得上路行驶。其次，就承保的强制性而言，对于符合条件的保险公司必须开展强制责任保险，符合法律规定条件的，保险公司必须承保。例如，如果投保人没有按时缴纳保险费，保险公司是不能以此为理由解除保险合同或拒绝承担保险责任的，但是保险公司可以按照有关规定收取一定的滞纳金。

（3）强制性和法定性的联动。按照初次订立保险的强制性不同，强制保险可以被区分成绝对强制保险和相对强制保险。相对强制保险是指在当当事人不发生法定的事故和危险的情况下，法律并不强制当事人投保，但是，一旦发生事故或危险后，危险物持有人应当投保责任险或提供保证金；绝对强制保险是法律强制当事人投保最低限额的责任保险，在任何情况下均无例外。由此可知，强制保险的强制性要受制于法定性，强制程度的强和弱要取决于法律的具体规定。由于强制保险是为了推进社会公共政策而规定的保险，体现的是政府对于公共政策的立法考量，并且以牺牲"契约自由"原则为代价，因此，这项考量必须控制在合理的范围之内，不能任其泛滥，必须与国家的社会经济发展水平相吻合。强制责任保险的法律规定应当经过科学的论证之后才能做出，否则就是对私权利的任意干涉。

2. 第三人利益保护的高度公益性

强制责任保险虽然是责任保险之一种，但其立法精神和任意责任保险不同。任意责任保险的立法精神，在于填补被保险人赔偿第三人所致之损害；强制责任保险的宗旨则在于保障第三人，使第三人能获得保险的保障。如我国《机动车交通事故责任强制保险条例》第1条规定："为了保障机动车道路交通事故受害人依法得到赔偿，促进道路交通安全，根据《中华人民共和国道路交通安全法》、《中华人民共和国保险法》，制定本条例。"由此条规定可知，保障交通事故受害人的利益是机动车强制责任保险的立法出发点。从这个角度言，强制责任保险表现出较强的社会公益性。

3. 商业性与非营利性相结合

强制责任保险的本意在于维护社会公众利益，确保遭受事故的受害人得到及时赔偿，但这并不表明强制责任保险可以等同于社会保险，强制责任保险在本质上仍为一种商业责任保险。从理论上讲，强制责任保险是以法律为基础的为第三者利益设置的合同，因此，作为事故的受害人可以根据法律取得一系列权利。强制责任保险限制了契约双方当事人的缔约自由，并赋予受害人可以直接向保险人请求给付保险金的直接请求权，这明显与商业性保险所提倡的契约自由以及契约相对性相违背。但是，在保险原理和规则运用方面，强制责任保险和一般的责任保险具有共同性，可以适用保险法关于保险和责任保险的一般规定。例如，保险法中的保险利益原则、如实告知义务、投保人的权利义务、保险人的给付义务等制度，均可适用于强制责任保险。

如前文述及，强制责任保险表现出较强的社会公益性，因此，它并不是以营利为目的的，它的存在只是出于对公共利益的保护和国家发展的考量。在强制责任保险保险费率厘定方面，大多数国家的通用原则为不盈不亏或者保本微利的原则。实践中，任何从强制责任保险经营中所获得的收益都要被留存、积累下来，并且这些积累下来的资金只能用来平衡保险经营的收支，或者用于其他机构应当及时调整费率的设定，从而保证保险公司达到不亏不盈的水平。[1]
从另一角度分析，由于强制责任保险是国家以法律法规的形式强制要求投保人
购买某种保险合同，并由保险监管机构批准某些保险公司从事该种业务，如果
允许保险公司以营利为目的的经营该种保险产品，相对于那些未被批准从事强
制责任保险业务的保险公司而言相当于变相的不正当竞争。因此，从这个角度
考虑，强制责任保险应当具有非营利性的特征。[2]

二、强制责任保险面临之挑战

强制责任保险产生之初，如责任保险产生之初一样，也曾受到严重的质
疑和责难，总结而言，学者们对强制责任保险提出的质疑主要表现在以下三
个方面：

（一）侵犯财产权

法律强制要求投保人投保责任保险，这意味着投保人必须支付出一定的费
用——保险费来购买该保险产品，投保人的财产自由支配权受到了一定的限制，
强制责任保险有侵犯投保人财产权之疑。详言之，一直以来，私有财产的保护
问题都是各国立法者普遍关注的重点。例如，学者们认为："大凡反对私有财
产权制度的人，根本就不懂得自由的首要要素为何"[3]，"财产是自由的首要
要素，从而对于作为道德存在的人的自我表现也是必不可少的。从这个意义上
说，它是一种不可剥夺的自然权利，从洛克到诺齐克的政治哲学都将其奉为神
圣"[4]。由此可知，各国学者对财产的重要性给予很高的评价，财产在人们生
活中越来越受到重视。立法者们认识到"有恒产者有恒心"这个道理并不断通
过立法来强化保护私有财产。但是强制责任保险的推行，恰恰触动了私有财产
保护的禁区。

[1]　郭锋、杨华柏、胡晓珂、陈飞：《强制保险立法研究》，人民法院出版社2009年版，第16页。

[2]　孙宏涛：《董事责任保险合同研究》，中国法制出版社2011年版，第180页。

[3]　[英]弗里德利希·冯·哈耶克：《自由秩序原理》，邓正来译，生活·读书·新知三联书店1997年版，第173页。

[4]　[美]路易斯·亨金、阿尔伯特·J·罗森塔尔：《宪政与权利》，郑戈、赵晓力、强世功译，生活·读书·新知三联书店1996年版，第154页。

（二）容易诱发道德风险

责任保险的购买必然伴随着被保险人的道德风险，即被保险人在投保后有较大的几率会变得比原来更加粗心，由此导致事故发生频率和损失程度增加。尤其在强制责任保险下，保险人在法律的约束下必须承保并且承担全责，被保险人道德风险发生的几率更高。有学者认为，强制保险合同的推行可能会导致被保险人放松警惕，抱有侥幸或过分依赖保险的心理，以致增加保险事故发生的概率或者扩大损失的程度并由此引发道德风险。由此，对推行强制责任保险产生质疑。

（三）有图谋保险公司利益之嫌

强制责任保险的推行，要求投保人必须购买责任保险，原本根据契约自由原则，投保人可自行确定是否购买责任保险的意愿被强制化，购买责任保险成为投保人的强制性义务。最关键的是，由于投保人被强制要求购买责任保险，所以保险公司的业务量和保费收入必然增加，这是否存在图谋保险公司利益的嫌疑，实难分辨。

三、强制责任保险正当性基础

虽然有不少学者曾经严重质疑强制责任保险，但是，强制责任保险制度的发展进程并未因为上述质疑而停滞不前。与之相反，从世界各国或地区强制责任保险制度推行来看，强制责任保险制度正处于快速发展之中，展现出旺盛的生命力。购买责任保险为什么要遵守强制性规定呢？本书认为，可以从以下几个方面进行充分论证：

（一）强化受害人利益保障

责任保险是以被保险人对受害人应当承担的损害赔偿责任为保险标的，因此，它具有第三人性，直接保障的是被保险人的利益，间接保障的则是受害人的利益，责任保险的保障效果最终落在受害人身上。如果责任保险建立在自愿基础上，那么，投保人是否投保以及投保多少金额都将由其自由决定，在此情形下，遭受损害的受害人只能将希望寄托在投保人自身的财务能力上，除此之外，别无选择。如果不幸被保险人资力不足清偿受害人，那么，受害人的利益就会受到侵害。另外，对于建立在自愿基础上的责任保险制度，保险人可以凭借其娴熟的保险从业经验约定各种抗辩事由，以此拒绝被保险人的赔偿请求或受害人的赔偿请求，责任保险的基本政策目标预期就会降低。对于强制责任保险而言，它可以避免自愿保险上的上述弊端。一方面，依照法律法规的规定，投保人是否投保、投保何种险种、投保多大金额都是由强制性规定的，一旦发生保险事故，受害人即可向保险人请求给付保险金，从而避免了被保险人无资力先行赔偿受害人的困境。另一方面，因为强制责任保险合同会对保险人的抗辩事由进行明确约定，保险事故的发生除非符合法律规定的免责事由，不然保险人需要向受害人进行赔偿。"适度推行责任强制保险，符合责任保险保护受害人的基本政策目标，有利于民事责任制度强化保护受害人的赔偿利益的趋势。"[1] 为保障受害人获得及时、有效的赔偿救济，须解决受害人和保险人之间存在的某种非合同的法律关系的立法选择，而此等立法选择的基础只能是强制。

（二）促进社会公益、完善社会保障救济体系

较一般的责任保险而言，强制保险因其法定强制性的特性，使得这一制度更能体现对受害人的保护，它赋予受害人更多的权利，给予受害人更多的保护。鉴于这样的制度设计，强制责任保险有助于确保事故受害人获得一定的赔偿，其中所体现的公共利益色彩较为浓厚。这种公益性集中体现为：[2] 首先，强制责任保险在一定程度上增强了责任认得赔偿能力。强制责任保险对于提高被保险人承担民事赔偿责任的能力具有显著的价值。通过这种方式，对人自身关怀的理念得以弘扬。其次，强制责任保险保证了受害人的赔偿利益。保险人在承担保险责任时，应当尽合理的注意义务照顾受害人的赔偿利益，在受害人接受被保险人实际赔偿之前，保险人不得向被保险人给付全部或一部分保险赔偿金。在很多国家和地区，立法甚至要求保险人直接向受害人给付保险金。

通过法律和行政手段建立强制责任保险制度，在一定程度上达到了促进社会公益、完善社会保障救济体系的目的。正如有学者所言："如果建行建立在

---

[1]　邹海林：《责任保险论》，法律出版社1999年版，第48—49页。

[2]　郭锋、杨华柏、胡晓珂、陈飞：《强制保险立法研究》，人民法院出版社2009年版，第23页。

自愿基础上的责任保险制度，则当相关主体并未投保责任保险时，受害人无法向保险人请求赔偿保险金因而无法得到及时、有效的补偿。与之相对，实行强制责任保险之后，在发生保险事故的时候，除了法律明确规定的例外情形，保险人都应当按照保险合同的约定向受害人赔偿保险金，以减轻受害人家庭的经济负担并维护社会秩序的稳定。"[1]

（三）保险人可以控制道德风险

责任保险的购买，必然伴随着导致被保险人道德风险之疑虑，即被保险人在投保后有较大的几率会变得比原来更加不谨慎小心，由此可能会增加事故发生频率和损失程度。在自愿保险中，保险人可以拒绝某种高风险的责任承保。但强制责任保险的引入，保险人必须承保。在责任保险被强制缔约后，被保险人履行注意义务的积极性是增强还是减弱，取决于保险人将保费或接受索赔的条件与被保险人的谨慎程度相挂钩的能力，而这种能力的形成和强化有赖于保险人更为积极的监督机制。从控制被保险人道德风险的角度看，承保强制责任保险的保险人会积极作为，引导潜在加害人去实施一些降低风险的行为，以尽量避免意外事故的发生。

（四）强制责任保险经营营利性之限制

观诸世界各国和地区，从保障社会公共秩序和受害人利益出发，强制责任保险通常是按照不盈不亏或者保本微利的原则来确定保险费率。因此，保险公司在经营强制责任保险时，应当坚持非营利性，这也从侧面验证了推行强制责任保险的正当性。

第二节　强制责任保险之强制性体现

一、契约自由原则之限制

所有权绝对、契约自由和过错责任是近代私法的三大基本原则，而契约自由又是私法自治原则中最核心的组成部分，从这种意义上说，契约自由是私法

---

[1]　孙宏涛：《董事责任保险合同研究》，中国法制出版社 2011 年版，第 184 页。

自治这座大厦的重要支柱，也是合同法的灵魂和生命。[1] 英国著名的契约法学者 P·S·阿狄亚认为：契约自由原则包含了两个紧密相连并且截然不同的方面：①契约自由原则强调合同是基于双方合意；②强调契约的产生是自由选择的结果，没有外部妨碍，如政府或立法的干预。[2] 本书认为，契约自由应当包括以下几个方面的具体内容：①缔约自由；②选择当事人自由；③合同内容自由；④变更或解除之自由；⑤方式自由。保险契约作为私法契约的一种，原则上也应该适用契约自由原则，但与保险人相比，被保险人明显处于弱势地位，如果任由保险人和被保险人双方自由缔结契约，则难免发生保险人利用经济上的强势地位迫使被保险人接受自己的要求，从而产生形式上自由而实质上垄断的嫌疑。此外，保险契约具有附和契约之性质。"保险契约具有技术性、定型性及团体性，而其内容，常有保险公司之一方面所决定。要保人通常仅能依保险公司所定之条款，决定是否同意订立，鲜有讨价还价之余地。"[3]

为了保护投保人或被保险人的利益，并实现实质上的契约自由，保险制度中即有所谓的"内容控制原则"[4]。基于上述原则，事实上保险契约中的内容自由在一定程度上受到了限制。而在具有强烈政策性目的的强制责任保险中，为达到政策目的所预期的效果而采取的强制性措施，将更大幅度的限制契约自由原则的适用。这种限制不仅包括强制投保和强制接受投保，还包括保险人和投保人都不得解除契约，非因法定原因也不得终止契约。[5]

二、缔约自由之限制

强制责任保险是对保险领域的契约自由的限制，只能基于法律的特别规定而开办，投保人（被保险人）有投保责任保险的义务。若有必要，法律可以规定保险人对法定责任保险有接受投保的义务。

---

[1]　孙宏涛：《董事责任保险合同研究》，中国法制出版社 2011 年版，第 184 页。

[2]　[英] P·S·阿狄亚：《合同法导论》，赵旭东等译，法律出版社 2002 年版，第 8—9 页。

[3]　梁宇贤：《保险法论》，中国人民大学出版社 2003 年版，第 30 页。

[4]　江朝国：《保险法基础理论》，瑞兴图书出版有限公司 2003 年版，第 48—51 页。

[5]　刘宗荣：《新保险法：保险契约法的理论与实务》，中国人民大学出版社 2008 年版，第 343—344 页。

(一)投保人：强制投保

责任保险产生之初，理论和实务均认为，责任保险的主要目的在于填补被保险人的实际损失，只有被保险人向受害人实际履行赔偿责任遭受金钱损失后，保险人才向被保险人给付保险金。此种认识在被保险人无力先行赔偿受害人的情况下，根本无益于被保险人和受害人的权益保护。随着责任保险理论的发展，受害人利益的保障逐步发展成为责任保险的主要目的，这主要体现在强制责任保险方面。为了加强对受害人的保护，最理想的状态是所有从事危险活动的企业和个人都投保责任保险。但事实上，由于对责任保险功效认识的欠缺，我国责任保险的投保率并不高。因此，为了加强对受害人的保护，国家都会强制要求投保人必须购买某种责任保险。

应当注意的是，此处的投保义务并非仅指投保义务人必须缔结责任保险契约，还应包括维持该责任保险契约继续有效的义务。若缺乏后者的规定，则投保义务人可以在缔结责任保险契约后当即解除或终止该保险契约，或在该保险契约期间届满后不再续约。如此一来，强制投保的目的也会落空。[1] 如我国台湾地区著名的保险法学者刘宗荣先生所言："凡是符合一定资格者都有投保的义务，不但如此，投保义务人有义务维持保险契约的有效性，期满之后还有续保的义务。"[2]

(二)保险人：强制承保

强制责任保险的推行，除了投保人有强制投保的义务外，保险人也应该负有强制承保的义务。由于责任保险契约是双方当事人协商一致的产物，因此，仅单方面的要求企业或个人购买强制责任保险，而保险人不愿意向投保企业或个人销售责任保险契约，则受害人依然可能无法获得有效的保障。换言之，强制保险人负有应相对人之要约，除有法定理由外，不得拒绝承诺，而与相对人订立契约之义务。[3] 强制承保的目的就在于限缩保险人拒保的途径，提高投保人投保的可能性，使保险契约尽量容易成立。

---

[1]　王欢：《医师责任保险基本法律问题研究》，武汉大学出版社 2015 年版，第 45 页。

[2]　刘宗荣：《新保险法：保险契约法的理论与实务》，中国人民大学出版社 2008 年版，第 343 页。

[3]　陈文袖：《论强制医师专业责任保险——以医疗事故受害人之损害填补为中心》，台湾东吴大学硕士学位论文，2005 年，第 172 页。

（三）效力范围

尽管投保人和保险人分别负有强制投保和强制承保的义务，但必须对两种义务设定一定的效力范围，以明确投保人和保险人的行为边界。一方面，必须设定最低保险金额，以避免投保人负担过重的保费，同时避免保险人承担超过其承受能力的危险。换言之，强制性责任保险契约订立的最低标准即为投保人向承保人缴纳最低额度的保费。至于投保人缴纳的超出最低保费的部分款项，保险人可自由决定是否接受。若接受，则此部分应属于任意性责任保险的范畴。

另一方面，必须设定最高赔付金额。强制责任保险尽管须填补受害人之损失，但也必须考虑可持续发展，不能破坏保险人的长期经营，也不能对投保人形成负面刺激。所以，此种对受害人的保障应为基本保障，也即保险人对受害人之赔付应以保险契约规定的最高额度为限。

三、变更或终止契约之限制

（一）变更契约之限制

通常情况下，在契约成立后尚未履行或者尚未完全履行之前，双方当事人经过协商一致可以变更契约的内容。但是在强制责任保险中，契约的变更却受到了很大的限制。由前文述及所知，推行强制责任保险的主要目的在于分散加害人的损害赔偿责任，但其还有更为重要的目的，就是保护因加害人的行为而遭受到损害的受害人的利益。从这种意义上讲，强制责任保险中的保险金额和除外责任等相关规定对受害人的保护至关重要。因此，在强制责任保险签订后，契约的内容不能随意变更。

（二）解除契约之限制

保险契约的解除是指在保险契约生效后、有效期限届满之前，经过双方当事人的协商，或者由一方当事人根据法律规定或契约约定行使解除权，从而提前结束契约效力的法律行为。[1] 一方面，保险契约为继续性契约，对于其效力的中断，原则上只能终止而不宜解除。保险人在保险契约中所负的给付义务，

---

[1]　覃有土：《保险法概论》，北京大学出版社 2001 年版，第 204 页。

主要是在保险期间内承担危险的义务，而非单纯在保险事故发生时的金钱给付义务。如果解除保险契约，则该契约溯及失去效力，保险人已提供的危险负担应如何恢复原则，存有疑问。另一方面，从保障受害人的角度出发，应该尽量维持保险契约的有效性，使受害人获得保障，因此，投保人和保险人不得随意解除保险契约。例如，美国肯塔基州法院的法官认为，[1] 按照强制保险法规的规定，保险契约不仅仅是投保人和保险人之间的协议，同时还被附加了一定的公益色彩。因此，契约当事人双方所享有的权利都应受到一定的限制，即使投保人在缔结强制责任保险契约时违反告知义务，保险人也不能接触保险契约并拒绝向受害人承担保险责任。当然，保险人在赔偿受害人之后，他可以向被保险人就其赔偿的金额进行追偿。

第三节　我国大规模侵权强制责任保险之推行

在保险实务中，责任保险模式包括两种：一种是强制责任保险，另一种是任意责任保险。在我国，究竟应该采取何种保险模式关系着大规模侵权责任保险能否在我国顺利推行并取得预期效果。因此，需要结合我国经济发展状况、法律制度、文化传统以及人们对于大规模侵权风险认知程度等因素进行综合考虑和分析。本书认为，在我国，由于企业投保意识弱，受害人经常无法获得及时救济的现状，应该强制要求某些企业投保大规模侵权责任保险。

一、我国推行大规模侵权强制责任保险之可行性

（一）我国推行大规模侵权强制责任保险之理论基础

1. 大规模侵权领域无过错责任的迅速扩大

在侵权法某些特定的情形下，即使个人和企业已经做到了所有的合理注意义务来避免对他人造成伤害，但损害一旦出现，他还是可能需要承担相应的损

---

[1]　Lisa A. Moore, *National Insurance Association v. Peach: an Analysis of Extended Issues to be Raised by Insurers, Insureds and Injured Third Parties, Northern Kentucky Law Review*, 1997, v.24, pp.379-380.

害责任，且可能没有资力赔偿受害人，最终导致受害人的利益遭受损害。

自 19 世纪以来，侵权行为法多建立在过错责任主义的基础上，主张行为人在主观上如有可归责的过错时，才需对其行为造成的损害负损害赔偿责任。以过错责任主义为基本原则的侵权行为，在 19 世纪达到了鼎盛时期。但是，在现代社会中，由于工业技术的进步，人类交易活动的频繁，严重的损害事故时常发生。在此情形下，如果坚守过错，侵权行为人的过错需要受害人进行举证，这无异于否认受害人的损害赔偿请求。另一方面，现代社会中对危险品的利用难以避免，"盖企业之经营、汽车之使用、商品之产销、原子能装置之持有，系现代社会必要经济生活，实无不法性可言"[1]，无过错责任制度的基本思想，不是在于对具有"反社会性"行为的制裁，而是在于对不幸损害的合理分配，即意外灾害的损害应有企业、物品或装置的所有人或持有人负担，而不应让无辜的受害人蒙受损害。

在大规模侵权行为领域，存在诸多无过错责任，如产品侵权、环境侵权等，这些无过错责任的出现为强制责任保险的立法活动提供了重要的法理依据。而在保险实务中，企业出于追求利润的考虑，对危险发生往往存在侥幸心理，投保意识并不高涨，一旦发生损害，遭受损失的往往是受害人。在大规模侵权行为领域推行强制责任保险模式，要求某些企业强制投保，将可能承担的过错责任转由危险共同体承担，应是救济因大规模侵权行为受害的第三人的必然选择。

2. 公共政策的考量

进入 20 世纪以来，随着科学技术的不断进步，人类在创造现代文明的过程中也孕育着更大的危险，现代工业社会的主要大规模侵权意外灾害包括工业灾害、汽车事故、环境污染公害、商品瑕疵等，这些意外具有四个方面基本特征：①造成事故之活动皆为合法而必要；②事故发生频繁，每日有之，连续不断；③肇事之损害异常巨大，受害者众多，难以防范；④加害人是否具有过失，被害人难以证明。[2] 这些大规模侵权损害的巨大性和频发性，使得传统的救济制度难以胜任损失填补的需要，而仅仅采用任意责任保险模式是难以抵御这些

---

[1]　王泽鉴：《侵权行为法之危机及其发展趋势》，载《民法学说与判例研究》（第 2 卷），中国政法大学出版社 1997 年版，第 162 页。

[2]　王泽鉴：《侵权行为法之危机及其发展趋势》，载《民法学说与判例研究》（第 2 卷），中国政法大学出版社 1997 年版，第 152—154 页。

意外伤害所带来的巨大危害的。

在大规模侵权责任保险实务中，加害人会受到多个因素的影响而选择是否购买责任保险，也存在着多个因素抑制保险人销售责任保险。从这一角度来看，公权力的干预是必要的。这一理论在责任保险领域的直接体现，就是国家通过公权力适当干预责任保险领域，通过强制性规定的制定和实施，要求可能产生大规模侵权责任的企业或个人投保，矫正保险市场自身失灵的缺陷，维护社会公共利益。

（二）我国采行大规模侵权强制责任保险之现实基础

1. 大规模侵权责任保险发展较快

我国大规模侵权责任保险虽然起步较晚，但是在各方面的努力之下发展迅猛，目前最发达的是机动车交通事故责任强制保险，除此之外，环境污染责任保险、医疗责任保险、产品责任保险也在各地开始试点。

我国大规模侵权责任保险发展较快的原因主要有：①政府政策的支持。2014年8月10日国务院颁布《国务院关于加快发展现代保险服务业的若干意见》，其中第3条指出："发挥责任保险化解矛盾纠纷的功能作用。强化政府引导、市场运作、立法保障的责任保险发展模式，把与公众利益关系密切的环境污染、食品安全、医疗责任、医疗意外、实习安全、校园安全等领域作为责任保险发展重点，探索开展强制责任保险试点。加快发展旅行社、产品质量以及各类职业责任保险、产品责任保险和公众责任保险，充分发挥责任保险在事前风险防范、事中风险控制、事后理赔服务等方面的功能作用，用经济杠杆和多样化的责任保险产品化解民事责任纠纷。"由上述规定而知，政府已经越来越重视大规模侵权领域方面责任保险制度的建设，并一开始鼓励强制责任保险试点工作，这为我国大规模侵权责任保险的发展提供了强大的政治支持。②法律法规不断完善。有关大规模侵权行为法法律体系不断完善，为大规模侵权责任保险的发展提供了法律支撑。如《侵权责任法》、《消费者权益保护法》、《产品质量法》、《食品安全法》、《大气污染防治法》、《水污染防治法》等法律的实施，为大规模侵权责任保险的发展提供了良好的法律氛围。

2. 我国强制责任保险的种类不断增加

随着责任保险的迅速发展，近年来，我国强制责任保险的种类不断增多。究诸责任保险实务，我国已有明确的法律、行政法规依据的强制责任保险主要有：民用航空器地面第三人责任强制保险（1995，《中华人民共和国民用航空法》），责任交通安全责任强制保险（2003，《中华人民共和国道路交通安全法》）、船舶污染强制责任保险（1999，《中华人民共和国海洋环境保护法》）、建筑行业意外伤害保险（1997，《中华人民共和国建筑法》）和旅行社职业责任保险（1996，《旅行社管理条例》）等。[1] 此外，从 2013 年 1 月 21 日起，环保部与保监会联合颁布《关于开展环境污染强制责任保险试点工作的指导意见》（以下简称《环强险指导意见》），将环境污染责任强制保险（以下简称"环强险"）正式确立为我国强制责任保险体系的组成部分。尽管环强险尚未大规模开展，缺乏相应的实践经验支撑，但《环强险指导意见》的规定比较全面、详尽。

此外，在我国现阶段，为了维护社会公共利益并实现特定的社会公共政策，强制责任保险也将不断增多。随着经验的逐步积累，这将为我国推行大规模侵权强制责任保险制度奠定现实基础。

综上所述，在我国推行大规模侵权强制责任保险，有着坚实的理论基础和丰富的实践经验。只有采用强制责任保险模式，大规模侵权责任保险才能为受害人提供及时、有效的保障，实现保护受害人的价值追求。

二、我国大规模侵权强制责任保险之构建设想

（一）承保范围

在签订责任保险合同时，投保人和保险人会在合同中确定责任范围，明确自身的权利、义务和责任的界限。有学者曾言："大规模侵权责任保险作为一类独成体系的保险业务，其保险责任范围与一般的保险既有联系又有区别，不是完全等同的。"[2]

---

[1]　于海纯：《我国食品安全责任强制保险的法律构造研究》，载《中国法学》2015 年第 3 期。

[2]　粟榆：《责任保险在大规模侵权中的运用》，载《财经科学》2009 年第 1 期。

一般而言，在责任保险中，保险公司仅仅承保非故意侵权损害，对被保险人故意引发的损害赔偿责任排除在承保范围之外。大规模侵权责任保险同样仅仅承保非故意侵权损害，因为承保故意侵权损害会导致道德风险的发生。进一步说，大规模侵权责任保险承保范围主要包含两大类：一类是因大规模侵权事故造成的人身伤亡或财产损失；另一类是因处理大规模侵权事故而产生的必要费用。需要说明的是，无论是人身伤亡抑或财产损害，都应该是能够用金钱计量的有形损害。

另外，较一般责任保险，引发大规模侵权事故的行为既可能引发非故意、突发性的损害，又可能导致累积性、渐进性的损害，如食品侵权、环境侵权，等等，那么，大规模侵权责任保险的承保范围是否涵盖累积性、渐进性的损害呢？"承保范围与一国法律制度的完善程度、责任保险市场的需求、一国保险业的发展水平以及政府的政策支持息息相关。"[1]一般而言，大规模侵权责任保险发展初期，责任保险合同往往仅承保非故意性、突发性的损害，随着保险业整体风险控制能力的提升、保险理赔经验的累积以及责任保险市场的逐步成熟，累积性、渐进性的损害也逐渐纳入责任保险的承保范围。且从当今发达国家保险市场看，累积性、渐进性损害纳入责任保险的承保范围已是一个不争的事实。但是，在具体操作方面应该灵活审慎，持续性、累积性的大规模侵权产生的后果更加不确定、不可控，对之损害赔偿也需要更多资金，这往往超出了一般保险公司承保能力范畴。[2]因此，针对累积性、渐进性的损害，保险公司会采用不同的责任保单形式（通常为索赔基础制保单）予以承保。此外，针对大规模侵权引发的累积性、持续性事故，保险公司也可以通过社会机构与再保险的方式来承保，借以分散承保风险。

（二）保险费率的厘定

保险费率是否合理直接关系到大规模侵权强制责任保险制度的推行能否成功，因此，必须对该问题给予足够的重视。那么，如何厘定责任保险费率呢？

---

[1] 陈方淑：《理念与制度的调适：环境责任保险之社会化进路探析》，云南出版集团公司2013年版，第265页。

[2] 杜健：《大规模侵权损害救济机制研究——以社会化救济为视角》，安徽大学博士学位论文，2015年，第77页。

这是大规模侵权责任保险制度设计中的一个重大难题。由于大规模侵权行为会发生在不同的多个行业领域，在不同行业领域中，危险种类、受害程度、受害金额、企业资力、安全防范等方面存在一定差异。另外，由于大规模侵权损害的属性，大数法则和历史经验费率等可能难以运用，因此，想要确定统一的大规模侵权责任保险费率几乎是不可能的。"从监理角度讲，不偏高原则、公平原则、足够原则；从经营者角度讲，稳定性原则、弹性原则、损害控制原则等。"[1] 参照国外大规模侵权责任保险费率厘定的经验，在厘定我国保险费率时应该考虑以下因素：[2]

1. 加害人所处的行业性质

不同行业发生大规模侵权损害事故的概率及损害发生后的预期损失金额均存在重大差异，因此，保险公司应该根据加害人所处的行业性质评估其潜在侵权损害，借此制定不同的保险费率标准。"比如日本民间的食品共济保险将食品行业分为多个种类，包括咖啡店、餐饮店、食品制造业、食品配送、外卖等，不同行业配以不同的费率。"[3]

2. 加害人所处的自然环境

在大规模侵权环境责任保险设计时，保险公司应该考量加害人所处的地理环境及气候条件。具体而言：从事危险生产企业所处位置周围是否有居民区以及居民区与企业之间的方位、距离等。从事危险生产企业是否处于河流周围，如果处于河流旁，则其下游是否有居民以及相关养殖业等。

3. 致害人安全监管水平与事故率

对安全保障设施完备、培训到位的致害人与安全监管水平较差的致害人，确立差别化的保险费率。保险费率厘定还需与事故率挂钩，对于发生事故后仍然不改正的，保险公司可以提高保险费率或直接不予承保。"在加拿大，某著名音乐家习惯开车旅行中谱曲，常因疏于注意肇祸，保险公司采取了提交保险

---

[1] 陈慈阳：《环境法总论》，中国政法大学出版社 2003 年版，第 422—423 页。

[2] 杜健：《大规模侵权损害救济机制研究——以社会化救济为视角》，安徽大学博士学位论文，2015 年，第 75—76 页。

[3] 董泽华：《论我国食品安全责任强制保险法律制度的构建》，载《法学杂志》2005 年第 1 期。

费的方法。"[1]

在确定大规模侵权强制责任保险费率时，还应考虑大规模侵权强制责任保险的主要目的是为了保护受害人和社会公益。因此，在综合考虑上述因素之外，保险费率应当按照不亏不盈的标准进行确定。

（三）责任限额的确定

"责任限额是指大规模侵权事故发生后，保险公司应当承担的最高赔偿数额，由于责任风险自身属性，无法对潜在风险做出充分精确的衡量。"[2] 在大规模侵权保险事故发生后，如果事故导致的全部损失皆由保险人予以赔偿，那么，保险公司往往难以承担该巨大的损害，即使保险功能能够承受，将全部赔偿转嫁给保险公司也有失公允。因此，在责任保险制度设计中，各国均会规定责任限额。例如，德国《机动车第三人责任强制保险与机动车当事人责任强制保险框架协议》第4条规定："每辆机动车的赔偿限额是50 000万马克，包括司机为事故支出的所有费用，投保人、实际占有人或者车主的财产损失，超过部分的追偿，依照各事故的实际情况和法律规定来确定。"[3] 我国《机动车交通事故责任强制保险条例》第23条规定："机动车交通事故责任强制保险在全国范围内实行统一的责任限额。责任限额分为死亡伤残赔偿限额、医疗费用赔偿限额、财产损失赔偿限额以及被保险人在道路交通事故中无责任的赔偿限额。"

在大规模侵权责任保险中，保险人责任限额的高低不仅关系到大规模侵权责任保险合同对受害人保障水平的高低，而且关系到保险人的赔偿负担和经营风险。如果责任限额过低，受害人的利益可能根本无法得到全面保障；如果责任限额过高，则保险人的经营风险就会增加，严重打击保险人的经营热情并导致保费攀升，最终也不利于大规模侵权强制责任保险的长期发展。具体而言，

---

[1]　Allen M. Linden, *Canadian Tort Law*, Butterworths, 1982, p.9.

[2]　[美]所罗门·许卡纳、小肯尼斯·布莱克、伯纳德·韦布：《财产和责任保险》，陈欣、高蒙、马欣等译，中国人民大学出版社2002年版，第368页。

[3]　[德]克里斯蒂安·冯·巴尔：《大规模侵权损害责任法的改革》，贺栩栩译，中国法制出版社2010年版，第22页。

在责任限额的界定上，应该遵循以下原则：[1] ①市场化运作原则。责任限额的规定应该立足于我国保险业市场发展的实际情况，当前，我国保险业尚处于初步发展阶段，资金、管理能力、理赔经验、风险控制等处于较低水平，如果不顾保险业发展的现实状况，一味求高求全，则必然脱离客观情况并导致保险业不堪重负，因此，在大规模侵权责任保险发展进程中，政府需要推动、规范其发展，但更需要遵循保险业自身发展规律，坚持市场化导向。②责任限额的确定应兼顾各方当事人利益。对于加害人而言，合理确定责任限额意味着其不能幻想通过投保责任保险而将损害赔偿责任完全转嫁出去，对于超过责任限额的损害赔偿，侵害人仍须赔偿。对于保险公司而言，合理界定责任限额可以保障其有效的赔付能力及合理的经济利润。对于受害人而言，当大规模侵权损害发生后，其可以获得责任限额内的损害赔偿金，若受害人损害超出了责任限额，则受害人还可以采取诉讼方式诉请加害人予以赔付。③责任限额的确定应该有利于保险市场的培育。大规模侵权风险本身并不完全符合理想可保风险的条件，保险公司经营大规模侵权责任保险往往需要承担较大风险，因此，需要国家基于公共利益的价值指引而通过立法或政策予以推动，责任限额的明确界定就是此种关键制度设计，通过责任限额制度可以降低保险人承保风险，进而促进大规模侵权责任保险市场的培育与完善。

综上所述，本书认为，我国在构建大规模侵权强制责任保险制度时，保险公司应该根据我国的实际情况，运用统计学和精算学的基本原理来确定合理的责任限额，既能实现受害人利益的保障，又能帮助保险人管控风险。

（四）受害人直接请求权的完善

观诸国外，大多数国家和地区的强制责任保险制度都明确赋予受害人对保险人的直接请求权。例如，1972年《英国道路交通法》第149条规定："保险人对被保险人签发有效的责任保险单，被保险人因交通事故对受害人承担的责任，属于保险单承保的责任范围，受害人取得对被保险人的赔偿判决后，有权直接请求保险人给付保险赔偿金。"[2] 德国《汽车保有人强制责任保险法》

---

[1] 杜健：《大规模侵权损害救济机制研究——以社会化救济为视角》，安徽大学博士学位论文，2015年，第78页。

[2] Raoul Colinvaus, *The Law of Insurance*, Sweet&Maxwell, 1984, p.430.

第3条第1款规定："第三人于……范围内，第三人得对保险人行使其损害赔偿请求权。"日本《汽车损害赔偿保障法》第16条第1项规定："保有人发生依第三条规定之损害赔偿责任时，被害人得依政令所定，于保险金额之范围内，对保险公司为损害赔偿支付之请求。"[1]我国台湾地区"保险法"也有规定，第94条第2款规定："被保险人对第三人应负损失赔偿责任确定时，第三人得在保险金额范围内，依其应得之比例，直接向保险人请求给付赔偿金额。"

究诸我国责任保险法制，《中华人民共和国保险法》第65条第2款规定："责任保险的被保险人给第三者造成损害，被保险人对第三者应负的赔偿责任确定的，根据被保险人的请求，保险人应当直接向该第三者赔偿保险金。被保险人怠于请求的，第三者有权就其应获赔偿部分直接向保险人请求赔偿保险金。"有学者依据该条规定认为，我国受害人拥有直接请求权，但是，本书认为，该条规定并未赋予受害人直接请求权，仅仅属于缩短给付关系的性质。"根据被保险人的请求"，仅是保险人取得对受害第三人给付的权利，受害第三人对于保险人并无直接请求权。"被保险人怠于请求的"，受害第三人仅是基于代理被保险人受领保险给付的地位，受领后，同时完成被保险人对于受害第三人的给付义务。

由此可知，在我国责任保险法制中并无受害人直接请求权的相关规定。由前文论述而知，在我国推行大规模侵权强制责任保险的目的在于保护因企业或个人行为遭受损害的受害人的合法权益。为了实现上述目的，快速化解矛盾纠纷，及时救济受害人，我国大规模侵权强制责任保险应赋予受害人直接请求权。

---

[1] 江朝国：《强制汽车责任保险法》，中国政法大学出版社2003年版，第209页。

参考文献

一、中文类

（一）专　著

[1] 曾世雄：《损害赔偿法原理》，中国政法大学出版社 2001 年版。

[2] 史尚宽：《债法总论》，中国政法大学出版社 2000 年版。

[3] 熊进光：《大规模侵权损害救济论——公共政策的视角》，江西人民出版社 2013 年版。

[4] 王泽鉴：《民法学说与判例研究》，中国政法大学出版社 2003 年版。

[5] 孔涤庵：《保险法》，商务印书馆 1931 年版。

[6] 黄公觉：《损害赔偿法概论》，商务印书馆 1936 年版。

[7] 王泽鉴：《民法学说与判例研究》，中国政法大学出版社 1997 年版。

[8] 温世扬：《保险法》，法律出版社，2007 年。

[9] 覃有土：《保险法概论》，北京大学出版社 1993 年版。

[10] 邹海林：《责任保险论》，法律出版社 1999 年版。

[11] 刘金章、刘连生、张晔：《责任保险》，西南财经大学出版社 2007 年版。

[12] 于敏：《机动车损害赔偿责任与过失相抵》，法律出版社 2006 年版。

[13] 江朝国：《强制汽车责任保险法》，智胜出版有限公司 1999 年版。

[14] 王卫耻：《实用保险法》，文笙书局 1981 年版。

[15] 李青武：《机动车责任强制保险制度研究》，法律出版社 2009 年版。

[16] 贾爱玲：《环境责任保险制度研究》，中国环境科学出版社 2010 年版。

[17] 郝秀辉、刘海安、杨万柳：《航空保险法》，法律出版社 2011 年版。

[18] 桂裕：《保险法》，三民书局 1984 年版。

[19] 许飞琼：《责任保险》，中国金融出版社 2007 年版。

[20] 尹田：《中国保险市场的法律调控》，社会科学文献出版社 2000 年版。

[21] 孙宏涛：《董事责任保险合同研究》，中国法制出版社 2011 年版。

[22] 樊启荣：《责任保险与索赔理赔》，人民法院出版社 2002 年版。

[23] 郑功成：《责任保险理论与经营事务》，中国金融出版社 1991 年版。

[24] 沈宗灵：《法理学》，北京大学出版社 1999 年版。

[25] 黄兴：《法学方法》，元照出版有限公司 2009 年版。

[26] 张文显：《二十世纪西方法哲学思潮研究》，法律出版社 2006 年版。

[27] 沈宗灵：《现代西方法律哲学》，法律出版社 1990 年版。

[28] 王利明：《侵权行为法归责原则研究》（修订二版），中国政法大学出版社 2004 年版。

[29] 岳卫：《日本保险契约复数请求权调整理论研究》，法律出版社 2009 年版。

[30] 梁慧星：《从近代民法到现代民法》，中国法制出版社 2000 年版。

[31] 曲振涛、杨恺钧：《法经济学教程》，高等教育出版社 2006 年版。

[32] 梁鹏：《保险人抗辩限制研究》，中国人民公安大学出版社 2008 年版。

[33] 梁宇贤：《保险法新论》，中国人民大学出版社 2003 年版。

[34] 刘宗荣：《新保险法：保险契约法的理论与实务》，中国人民大学出版社 2008 年版。

[35] 施文森、林建智：《强制汽车保险》，元照出版有限公司 2009 年版。

[36] 王欢：《医师责任保险基本法律问题研究》，武汉大学出版社 2015 年版。

[37] 江朝国：《保险法基础理论》，中国政法大学出版社 2002 年版。

[38] 梁慧星：《民法总论》，法律出版社 1996 年版。

[39] 郑玉波：《保险法论》，三民书局 1984 年版。

[40] 桂裕：《保险法论》，三民书局 1984 年版。

[41] 陈彩稚：《财产与责任保险》，智胜出版有限公司 2006 年版。

[42] 王利明：《侵权行为法研究》，中国人民大学出版社 2004 年版。

[43] 樊启荣：《保险法》，北京大学出版社 2011 年版。

[44] 王利明、崔建远：《合同法新论总则》，中国政法大学出版社 1996 年版。

[45] 李玉泉：《保险法》，法律出版社 1997 年版。

[46] 江朝国：《保险法规汇编》，元照出版有限公司 2001 年版。

[47] 孙宏涛：《董事责任保险合同研究》，中国法制出版社 2011 年版。

[48] 覃有土、樊启荣：《保险法学》，高等教育出版社 2003 年版。

[49] 江朝国：《保险法逐条释义》，元照出版有限公司 2013 年版。

[50] 王泽鉴：《民法概要》，中国政法大学出版社 2003 年版。

[51] 黄茂荣：《债法总论》（第二册），中国政法大学出版社 2003 年版。

[52] 王泽鉴：《民法债编总论》（第一册），台大法学院福利社 1992 年版。

[53] 姚志明：《诚信原则与附随义务之研究》，元照出版有限公司 2003 年版。

[54] 周玉华：《最新保险法释义与适用》，法律出版社 2009 年版。

[55] 陈自强：《民法讲义Ⅱ》，法律出版社 2004 年版。

[56] 叶启洲：《保险法专题研究》（一），元照出版有限公司 2007 年版。

[57] 方乐华：《保险与保险法》，北京大学出版社 2009 年版。

[58] 袁宗蔚：《保险学——危险与保险》，首都经济贸易大学出版社 2000 年版。

[59] 崔建远：《合同责任研究》，吉林大学出版社 1992 年版。

[60] 刘士国：《现代侵权损害赔偿研究》，法律出版社 1998 年版。

[61] 黄勇、李之彦：《英美保险法经典案例评析》，中信出版社 2007 年版。

[62] 郭锋、杨华柏、胡晓珂、陈飞：《强制保险立法研究》，人民法院出版社 2009 年版。

[63] 陈方淑：《理念与制度的调适：环境责任保险之社会化进路探析》，云南出版集团公司 2013 年版。

[64] 陈慈阳：《环境法总论》，中国政法大学出版社 2003 年版。

（二）译　著

[1] [德] 乌尔里希·贝克：《风险社会》，何博闻译，译林出版社 2004 年版。

[2] [德] 乌尔里希·贝克、约翰内斯·威尔姆斯：《自由与资本主义——与著名社会学家乌尔里希·贝克对话》，路过林译，浙江人民出版社 2001 年版。

[3] [英] 安东尼·吉登斯：《失控的世界》，周红云译，江西人民出版社 2001 年版。

[4] [美] 特瑞斯·普雷切特、琼·丝米特、海伦·多平豪斯、詹姆斯·艾瑟林：《风险管理与保险》，孙祁祥等译，中国社会科学出版社 1998 年版。

[5] [德] 克里斯蒂安·冯·巴尔：《大规模侵权损害责任法的改革》，贺栩栩译，中国法制出版社 2010 年版。

[6] [澳] 彼得·凯恩：《阿蒂亚论事故、赔偿及法律》，王仰光、朱呈义、陈龙业、吕杰译，中国人民大学出版社 2008 年版。

[7] [美] 博登海默：《法理学：法律哲学与法律方法》，邓正来译，中国政法大学出版社 1999 年版。

[8] [美] 约翰·F·道宾：《美国保险法》，梁鹏译，法律出版社 2008 年版。

[9] [德] 格哈德·瓦格纳：《比较法视野下的侵权法与责任保险》，魏磊杰、王之洲、朱淼译，中国法制出版社 2012 年版。

[10] [美] 所罗门·许布纳、小肯尼思·布莱克、伯纳德·韦布：《财产和责任保险》，陈欣等译，中国人民大学出版社 2002 年版。

[11] [加拿大] 欧内斯特·J·温里布：《私法的理念》，徐爱国译，北京大学出版社 2007 年版。

[12] [挪威] 卡尔·H·博尔奇：《保险经济学》，商务印书馆 1999 年版。

[13] [美] 伯尔曼：《法律与宗教》，三联书店 1991 年版。

[14] [美] 迈克尔·D·贝勒斯：《法律的原则——一个规范的分析》，中国大百科全书出版社 1995 年版。

[15] [美] 约翰·罗尔斯：《正义论》，何怀宏、何包钢、廖申白译，中国社会科学出版社 1988 年版。

[16][美]庞德：《通过法律的社会控制——法律的任务》，商务印书馆1984年版。

[17][瑞典]亚历山大·佩岑尼克：《法律科学：作为法律知识和法律渊源的法律学说》，桂晓伟译，武汉大学出版社2009年版。

[18][美]昂格尔：《现代社会中的法律》，吴玉章、周汉华译，中国政法大学出版社1994年版。

[19][美]理查德·A·波斯纳：《法律的经济分析》，蒋兆康译，中国大百科全书出版社1997年版。

[20][英]哈耶克：《个人主义与经济秩序》，北京经济学院出版社1989年版。

[21][美]罗伯特·考特、托马斯·尤伦：《法和经济学》，张军译，上海三联书店1994年版。

[22][英]迈克尔·帕金：《微观经济学》，梁小民译，人民邮电出版社2003年版。

[23][美]罗伯特·考特、托马斯·尤伦：《法和经济学》，施少华、姜建强等译，上海财经大学出版社2002年版。

[24][德]汉斯-贝恩德·舍费尔、克劳斯·奥特：《民法的经济分析》（第四版），江清云、杜涛译，法律出版社2009年版。

[25][美]保罗·萨缪尔思、威廉·诺德豪斯：《微观经济学》，萧琛等译，华夏出版社1999年版。

[26][美]斯蒂文·萨维尔：《事故法的经济分析》，翟继光译，北京大学出版社2004年版。

[27][美]汉塞尔：《保险学入门》，孙慧瑛、林纯真、周玉玫等译，台湾财团法人保险事业发展中心1994年版。

[28][美]肯尼斯·S·亚伯拉罕：《美国保险法原理与实务》，韩长印等译，中国政法大学出版社2012年版。

[29][美]小罗伯特·H·杰瑞、道格拉斯·R·里士满：《美国保险法精解》，李之彦译，北京大学出版社2009年版。

[30][英]M·A·克拉克：《保险合同法》，何美欢、吴志攀等译，北京大

学出版社 2002 年版。

[31] [美] 哈威尔•E•杰克逊、小爱德华•L•西蒙斯：《金融监管》，吴志攀等译，中国政法大学出版社 2003 年版。

[32] [奥] 肯•奥利芬特：《损害的合并与分割》，周雪峰、王玉花译，中国法制出版社 2012 年版。

[33] [德] 魏德士：《法理学》，丁晓春、吴越译，法律出版社 2005 年版。

[34] [美] 乔治•E•瑞达：《风险管理与保险原理》，刘春江、王欢译，中国人民大学出版社 2010 年版。

[35] [英] 弗里德利希•冯•哈耶克：《自由秩序原理》，邓正来译，生活•读书•新知三联书店 1997 年版。

[36] [美] 路易斯•亨金、阿尔伯特•J•罗森塔尔：《宪政与权利》，郑戈、赵晓力、强世功译，生活•读书•新知三联书店 1996 年版。

[37] [英] P•S•阿狄亚：《合同法导论》，赵旭东等译，法律出版社 2002 年版。

（三）期刊论文

[1] 夏玉珍、吴娅丹：《中国正进入风险社会时代》，载《甘肃社会科学》2007 年第 1 期。

[2] 张新宝、邱业鹏：《大规模侵权损害赔偿基金：基本原理与制度构建》，载《法律科学》（西北政法大学学报）2012 年第 1 期。

[3] 赵延东：《风险社会与风险治理》，载《中国科技论坛》2004 年第 4 期。

[4] 刘岩：《风险社会理论视野中的和谐社会议题》，载《社会理论与社会发展》2007 年第 9 期。

[5] 张新宝，岳业鹏：《大规模侵权损害赔偿基金：基本原理与制度构建》，载《法律科学》（西北政法大学学报）2012 年第 1 期。

[6] 张新宝：《设立大规模侵权损害救济赔偿基金的制度构想》，载《法商研究》2010 年第 6 期。

[7] 朱岩：《大规模侵权的实体法问题初探》，载《法律适用》2006 年第 10 期。

[8] 杨立新：《〈侵权责任法〉应对大规模侵权的举措》，载《法学家》2011 年第 4 期。

[9] 江滢：《从三鹿事件看我国群体诉讼制度的不足及完善》，载《佛山科学技术学院学报》2009 年第 2 期。

[10] 陈年冰：《大规模侵权与惩罚性赔偿——以风险社会为背景》，载《西北大学学报（哲学社会科学版）》2010 年第 11 期。

[11][日] 星野英一：《民法典中的侵权行为法体系展望》，渠涛译，载《法学家》2009 年第 2 期。

[12] 王泽鉴：《危险社会、保护国家与损害赔偿法》，载《月旦法学杂志》2005 年第 2 期。

[13] 刘凯湘、曾燕斐：《论侵权法的社会化——以侵权法与保险的关系为重点》，载《河南财经政法大学学报》2013 年第 1 期。

[14][奥] 海尔穆特·库奇奥：《损害赔偿法的重新构建：欧洲经验与欧洲趋势》，朱岩译，载《法学家》2009 年第 3 期。

[15] 肖海军：《论环境侵权之公共赔偿救济制度的构建》，载《法学论坛》2004 年第 3 期。

[16] 商昌国：《食品领域大规模侵权行为的界定及赔偿标准的确定》，载《河北法学》2015 年第 9 期。

[17] 王伟：《责任保险法理学三论》，载《南京大学法律评论》2005 年秋季号。

[18] 周博：《责任保险制度的经济分析》，载《新西部》2007 年第 24 期。

[19] 李娟：《论机动车强制责任保险的附加被保险人》，载《湖北警官学院学报》2012 年第 7 期。

[20] 温世扬：《"相对分离原则"下的保险合同与侵权责任》，载《当代法学》2012 年第 5 期。

[21] 史鑫蕊：《论保险法中"不利解释原则"的适用及其修订》，载《河南金融管理干部学院学报》2005 年第 5 期。

[22] 陈荣一：《论我国保险法对责任保险之规定的缺失》，载《责任保险论文菁萃》。

[23] 王志铺：《谈请求赔偿基础责任保险之合法性》，载《保险资讯》第 100 期。

[24] 姚志明：《诚信原则与附随义务》，《法学丛刊》2001 年第 184 页。

[25] 李志峰：《长尾责任——美国责任保险保单形式的演变、争议及我国责任保险保单之特色》，载《保险专刊》2009 年第 1 期。

[26] 李志峰：《论被保险人于危险事故后之通知义务——兼析两岸保险法及契约条款之相关规定》，载《东吴法律学报》2012 年第 1 期。

[27] 汪信君：《保险法告知义务之义务性质与不真正义务》，载《台大法学论丛》2007 年第 1 期。

[28] 伍坚：《论保险法中的出险通知义务》，载《保险研究》2008 年第 5 期。

[29] 于海纯：《我国食品安全责任强制保险的法律构造研究》，载《中国法学》2015 年第 3 期。

[30] 粟榆：《责任保险在大规模侵权中的运用》，载《财经科学》2009 年第 1 期。

[31] 董泽华：《论我国食品安全责任强制保险法律制度的构建》，载《法学杂志》2005 年第 1 期。

[32] 林勋发：《强制汽车责任保险改革刍议》，载台湾《保险法论著译作选集》1991 年。

（四）学位论文

[1] 易萍：《风险社会中我国责任保险的定位与制度重构》，上海交通大学博士学位论文，2014 年。

[2] 刘亮：《大规模侵权研究》，中国人民大学法学院博士学位论文，2010 年。

[3] 杨丽萍：《大规模侵权责任保险制度研究》，西北大学硕士学位论文，2012 年。

[4] 孔慧君：《大规模侵权的多元化损害赔偿制度研究》，江西财经大学法学院法律硕士学位论文，2011 年。

[5] 郭宏彬：《论责任保险的法理基础——"责任保险危机"的解读与克服》，中国政法大学博士学位论文，2010 年。

[6] 粟裕：《大规模侵权责任保险赔偿制度研究》，西南财经大学博士学

位论文，2014 年。

[7] 林铭龙：《论受害人之直接请求权与我国法制上之适用疑义——以不健全保险关系下为中心》，台北大学法研所硕士学位论文，2003 年。

[8] 林新裕：《汽车责任保险受害人直接请求权权之探讨》，政治大学风险管理与保险学系硕士学位论文，2003 年。

[9] 李晓青：《责任保险基本条款研究》，武汉大学硕士学位论文，2005 年。

[10] 杜健：《大规模侵权损害救济机制研究——以社会化救济为视角》，安徽大学博士学位论文，2015 年。

[11] 陈文袖：《论强制医师专业责任保险——以医疗事故受害人之损害填补为中心》，台湾东吴大学 2005 年硕士学位论文。

[12] 李祝用：《论责任保险的保险事故》，中国保险法学研究会年会论文集，2012 年。

二、英文类

[1]Lzhak & Englard, *A Critical Appraisal of Modem American Tort Theory, The Journal of Legal Studies*,1980.

[2]Ivar Strahl, *Tort Liability and Insurance, Scandinavian Studies In Law*, Vol.3, 1959.

[3]Ulrich Beck, *Risk Society: towards a New Modernity*, Sage Publications, 1992.

[4]Nick Lockett, *Environmental Insurance Liability*, Cameron May, 1996.

[5]Rod D. Margo, *Aviation Insurance: the Law and Practice of Aviation Insurance including Hovercraft and Spacecraft Insurance*, Butterworths, 2000.

[6]Jay F. Christ, *Fundamental Business Law*, American Technology Society, 1944.

[7]Marc A. Franklin, *Injuries and Remedies: Cases and Materials on Tort Law and Alternatives*, The Foundation Press, 1979.

[8]M.Pauly, *The Economics of Moral Hazard: Comment, American Economics Review*, 1968.

[9]M.Spence, R.Zeckhauser, *Insurance, Information and Individual Action, American Economics Review*, 1971.

[10]Patricia Danzon, *"Liability and Liability Insurance for Medical Malpractice", Journal Health Economics*, 1985.

[11]J. Marshall, *Moral Hazard, American Economics Review*, 1976.

[12]Ernest J. Weinrib, *Corrective Justice in a Nutshell, The University of Toronto Law Journal,* Vol. 52, 2002.

[13]Larry I. Ashlock, *Automobile Liability Insurance: The Omnibus Clause, Iowa Law Review*, 1960.

[14]June M. Austin, *Permissive Use under the Omnibus Clause of the Automobile Liability Policy, Insurance Counsel Journal*, 1962.

[15]David Oughton & Martin Davis, *Sourcebook on Contract Law,* Cavendish Publishing Limited, 1996.

[16]Charles R. Mcguares, Kathleen A. Mcllough and George B. Flanigan, *Risk Management and Insurance Review*, 2004.

[17]H. James Wulfsberg & Timothy A. Colvig, *The 1986 Commercial General Liability Insurance Program, Plireal Est. & Practice Course Handbook Series* , 1987.

[18]Ian Ayres & Peter Siegelman, *The Economics of the Insurance Antitrust Suits: Toward an Exclusionary Theory, Tul.Law Review,*1989.

[19]Diana Reitz, *Gaps Arise in Claims-Made Policy Renewals. National Underwriter Eriaanger,*2000.

[20]Youngman Ian, *Directors' and Officers' Liability Insurance, Woodhead Com Bridge England,*1995.

[21]George L. Priest, *The Current Insurance Crisis and Modern Tort Law, Yale Law Journal,*1987.

[22]Kenneth F. Oettle & Davis J. *Howard, Zucherman and Sparks: The Validity of "Claims Made" Insurance Policies as a Function of Retroactive Coverage, Tort & Insurance Law Journal,*1986.

[23]Carolyn M. Frame, *"Claims-Made"Liability Insurance: Closing the Gaps with Retroactive Coverage, Temp.L.Q.,*1987.

[24]Barry R. Ostrager & Thomas R. Newman, *Handbook on Insurance Coverage Disputes*, Aspen Publishers, 2009.

[25]Malcolm A. Clarke, *The Law of Insurance Contracts*, Informa Law, 1994.

[26]Jeffery W. Stempel, *Stempel on Insurance Contracts*, Aspen Law & Business, 2005.

[27]Kathleen E. Wherthey, *New Life for the Claims-Made Liability Policy in Maryland, MD.L.Rev.*, 1994.

[28]Kennith S. Abraham, *Insurance Law and Regulation*, The Foundation Press, 1990.

[29]Edwin W. Patterson, *Essential of Insurance Law*, 1957.

[30]Lisa A. Moore, *National Insurance Association v. Peach: an Analysis of Extended Issues to be Raised by Insurers, Insureds and Injured Third Parties, Northern Kentucky Law Review*, 1997.

[31]Allen M. Linden, *Canadian Tort Law*, Butterworths, 1982.

[32]Raoul Colinvaus, *The Law of Insurance*, Sweet&Maxwell, 1984.